中国石化
基本功训练典型案例汇编

中国石油化工集团公司人事部　组织编写

中国石化出版社

内 容 提 要

本书汇编了70个有代表性的基本功训练案例，内容包括实操训练、导师带徒、业务竞赛、仿真训练、在线学习、应急演练、综合等，是中国石化集团公司人事部根据集团公司“三基”工作统一部署，为加强各企事业单位基本功训练、提升训练质量和水平而组织编写的。在编写时，聚焦重点、聚焦基层、聚焦业务，从实用性、针对性、启发性出发，将典型做法、典型经验、典型事例给予总结和梳理。

本书可供各企事业单位班组、党支部等基层单位学习借鉴，也可作为有关管理人员和基层员工基本功训练的学习材料。

图书在版编目(CIP)数据

中国石化基本功训练典型案例汇编 / 中国石油化工集团公司人事部组织编写．—北京：中国石化出版社，2018.2(2018.6 重印)

ISBN 978-7-5114-4350-2

Ⅰ．①中… Ⅱ．①中… Ⅲ．①石油化学工业-工业企业管理-案例-汇编-中国 Ⅳ．①F426.22

中国版本图书馆 CIP 数据核字(2018)第 020279 号

中国石化出版社出版发行

地址：北京市朝阳区吉市口路 9 号

邮编：100020　电话：(010)59964500

发行部电话：(010)59964526

http://www.sinopec-press.com

E-mail：press@ sinopec.com

北京富泰印刷有限责任公司印刷

全国各地新华书店经销

*

710×1000 毫米 16 开本 15.5 印张 189 千字

2018 年 6 月第 1 版第 2 次印刷

定价：36.00 元

《中国石化基本功训练典型案例汇编》编审组

组　长：冯少伟

副组长：刘保书

成　员：商桂秋　郝景喜　王喜海　刘昌明　石惟理
尹兆兵　杨　俊　邹　强　任军辉　汪　珺
祖钦先　王焕斌　赵　亮　陈　莉　刘　昕
郝　杰

前　言

根据集团公司“三基”工作统一部署，为加强基本功训练工作，切实提升训练质量和水平，集团公司人事部组织对有关直属单位报送的基本功训练案例进行了筛选和修改完善。形成了包括实操训练、导师带徒、业务竞赛、仿真训练、在线学习、应急演练、综合等七类基本功训练案例汇编。本案例集主要定位于基层一线单位，同时可作为管理人员和基层员工基本功训练的学习材料。在编写时，聚焦重点、聚焦基层、聚焦业务，从实用性、针对性、启发性出发，将典型做法、典型经验、典型事例给予总结和梳理，值得基层单位和员工参考借鉴。

各有关单位为本书的编写提供了素材。商桂秋、郝景喜、王喜海、刘昌明、汪珺等同志参与了稿件收集、筛选工作。石惟理、祖钦先、郝杰等同志审读了部分书稿，并承担了修改工作。

中国石化出版社对案例集的编写和出版工作给予了通力协作和配合，在此一并表示感谢。

水平有限、经验不足，书中难免有不妥之处，恳请广大同行和读者给予批评指正。

中国石油化工集团公司人事部

2018 年 3 月

目　录

第一单元　实操训练

第二单元　导师带徒

第三单元　业务竞赛

第四单元　仿真训练

第五单元　在线学习

第六单元　应急演练

第七单元　综合

第一单元

实操训练

“手指口述”练就“指尖”上的“基本功”

胜利油田

摘　要： 通过在变电运行等岗位开展“手指口述”式基本功训练，引导值班员运用“心想、眼看、手指、口述”等系列行为，在实际工作的反复磨合中明确标准规范、形成操作习惯、提升处置能力。

关键词： 训练　安全　手指口述　规范操作

一、背景描述

通过对近年来各类电力事故的分析，除设备、环境等因素外，有相当一部分事故与工作人员的操作失误相关。尤其是集控站成立后，变电站的管理模式由以前的“一对一”过渡到“一对多”管理，要求值班员具备更强的业务水平和更高的综合素质。为减少事故的发生，南区供电管理区坚持以人为本，从软件上下功夫，将“手指口述”训练植入变电站日常运行管理中，练就了“指尖”上的深厚功夫，延续了电网安全运行的良好态势。

二、基本做法

1. 练一练，让“手指口述”成规范。“手指口述”训练就是针对变电运行行业的高危性，运用“心想、眼看、手指、口述”等一系列行为，对每一项作业行为进行确认，使值班员的注意力高度集中，杜绝精力分散而产生的马虎、松懈行为，避免错觉和判断失误行为的发生，从而减少事故、实现安全操作。值班员将作业中设备的操作行为、操作规范、操作流程、注意事项等聚集于指尖，做到边指、边口述、边操作，形成安全识别、确认和操作的闭环流程。为规范操作行为，胜利油田南区供电管理区组织技术骨干人员认真研究“手指口述”成功案例，细化操作流程，编写了员工易于接受、便于操作的《“手指口述”工作手册》，力求口语化，通俗易懂，确保有用、管用、实用，让值班员练习达到操作时的口随眼动、眼随心动、手随口动的指向性集中联动，以达到安全操作的目的，从而保障作业安全。手册根据不同工种、岗位，明确工作内容和标准，让员工熟悉设备性能、操作规范、工作流程，在岗干什么、怎么干，以及交接班、设备巡视、倒闸操作等环节的注意事项，使员工熟练掌握了岗位责任制及操作规程，提高了岗位技能。

2. 帮一帮，让“手指口述”成习惯。为使“手指口述”简单、易学，南区供电管理区编排口语化要领，编写标准化 DV，到一线请值班员根据实际情况编排并参与制作“手指口述”DV 教材，提升了员工学习兴趣。为了结合实际，采取集中学习与现场训练相结合、送课到班组、微课堂在现场等形式，强化“手指口述”的训练，并把重点放在提高正副值班员特别是转岗值班员的基本素质上。由技术骨干人员对不同岗位内容进行详细讲解和演示，现场讲解手指口述内容和具体做法。在此基础上，推行“首席动态管理”制度，采取以强带弱的方式，根据综合评价每月度评选出“首席班组带头人”，一对一或一对二承包，把他们“手指口述”好的技术、好的经验、好的作风融入班组工作中，发挥“传、帮、带”作用，形成高技能带低技能、一级带一级、分层培养的教练式技能训练体系，提升值班员正确操作、规范操作、熟练操作的习惯和能力。

3. 比一比，让“手指口述”成能力。推进以班站为单位的“手指口述”竞赛活动，两人为一组，从岗位职责、劳保穿戴描述、安全用具的使用，到设备巡视、倒闸操作等，采取我手指他人口述、他人手指我口述、个人手指个人口述相结合的方式，促进快速掌握标准操作技能。开展以“手指口述”为主题的“十题闯关”标准化操作竞赛等活动，将“手指口述”相关内容做成抽签，以每十道题为一关，组成闯关题库，每日一考，实现业务操作知识百问不倒，促进了全员业务能力的提升。

三、主要成效

推行这种模式之前，变电站、配电室、配电柜的检维修作业，存在着效率偏低、重复性动作多、流程执行自觉性不高、缺乏规范性等问题。推行之后，从调度下令停电到做安全措施、执行倒闸操作，省却了中间的重复性动作，而且由于眼、耳、手、口的同时联动，效率大幅提高，操作时间平均缩短了 5 分钟；检维修等工作完成后，从向调度汇报到解除安全措施、执行倒闸操作的时间平均缩短了 3 分钟，也就是说一条电力线路从停电到送电，至少提前了 8 分钟以上，有效提高了供电可靠性和经济效益。通过“手指口述”训练，使值班员由对设备的简单操作变为了心想、耳听、眼看、手指、口述、操作一连贯的动作，达到了“学”与“用”的统一。同时实现了安全操作，树立起“我的工作我尽责，他人的工作我监督”的责任意识，做到了交接班无疏忽、设备巡视无遗漏、倒闸操作无差错。自开展“手指口述”训练以来，变电站实现安全操作 10347 次无差错，正确办理两票 1055 份，转供电量 6.5 亿 kW · h。

四、思考评析

“手指口述”针对电力变电运行高危行业及操作，将操作规程简单化和口语化，有效地将员工从操作规程、执行标准的条条框框中解放出来，内容简洁明了，通俗易懂，操作简单易学，用最简单的方式最大限度的保障安全生产，避免了工作中的风险，做到心中有数，培养了变电站值班员岗位安全规范操作的良好习惯，确保了人身安全和设备的可靠运行，取得了良好效果。

全员“练绝活”，提质“创品牌”

胜利油田

摘　要： 胜利油田孤岛采油厂井下作业大队开展全员“练绝活、创品牌”活动，把现场标准制度从328项细化为419项，在执行上实现“从步子到尺子”的转变，形成了“点线面、动静态”标准化管理网络，引导干部员工上标准岗、干标准活，为安全生产、提质创效提供了有力支撑。

关键词： 练绝活　创品牌　素质提升

一、背景描述

作业施工现场情况复杂多变，对操作人员的施工精度、安全性都有很高的要求。为做到精益求精，解决部分员工依赖经验干活，操作技能不熟练、施工过程不规范的问题，从2014年开始，孤岛采油厂井下作业大队开展了全员“练绝活、创品牌”的活动，强化基本功训练，通过挖掘各行业员工在长期工作实践中练就的绝活，营造出“从严管理、精准操作”的浓厚氛围，实现了全员从“要我练”到“我要练”的转变、从“会操作”到“精技能”的提升，促进了生产经营各项指标稳步提升。

二、基本做法

1. 建“绝活”标准，让短板变长板。坚持严于标准、细于规范，本着“严于、高于国家标准或行业标准”的原则，把现场标准制度从 328 项细化为 419 项，在执行上实现“从步子到尺子”的转变。参照行业标准，创新“动静态节点管理”，将施工现场值班房、工具房等 10 类固定性强、易控制的现场部分作为“静态管理部分”，建立 39 个标准化节点；将起下管柱、试压等 23 类易变动、难控制的施工环节作为“动态管理部分”，建立 41 个标准化节点，形成了“点线面、动静态”标准化管理网络；跟班干部利用照片、视频进行“生产写实”、监督落实，引导干部员工上标准岗、干标准活。

2. 立“绝活”标杆，让学习有目标。经基层自主申报、大队调研审议，确定了 11 项个人绝活项目和 5 项团体绝活项目。包括为提高应急处置能力设定的“速佩呼吸器”等 5 项安全防控类绝活；为提高操作精确度设定的“精准定点刹车”等 4 项技能操作类绝活；为提高设备安全系数设定的“调整修井机主离合器”等 5 项设备修护类绝活等。组织大队技术能手逐项操作各项绝活，将最高成绩定为“绝活”标杆，分解出示范步骤和要领，引领全员对标追标、苦练绝活。

3. 搭“绝活”擂台，让员工亮高招。在日常生产和基本功训练中，组织班长、司钻、资料员、作业司机等，在岗位之间、班组之间开展绝活竞技和较量，形成常态化的岗位竞赛。每半年举办一期“练绝活，创品牌”擂台赛，首期竞赛由基层单项赛冠军当“擂主”，之后每期由“擂主”守擂，基层选拔人员“攻擂”，大队对“绝活擂主”冠名激励表彰。在今年 6 月的擂台赛中，12 个项目守擂成功，4 个项目产生新擂主，5 个绝活项目刷新上期纪录。在“精准定点刹车”个人项目中，作业 209 队刘宜川按照规则，在井口法兰面放置十枚不规则的鸡蛋，连续十次下放带负荷管柱，鸡蛋无一破损，以累计误差57毫米的绝对优势连任擂主；在起下钻“二级井控演练”团体项目中，作业209队作业三班把最短用时从2分31秒缩短到2分23秒晋级新擂主。我们还在擂台赛后组织“绝活”论坛，当期擂主传授操作诀窍，促进全员共同提升。

三、主要成效

1. 亮出“绝活”，提升技能实用性。绝活的突出特点是变一时为平时，变短期为长期。“缺什么补什么”，让短板变长板；“干什么精什么”，让示范变规范。着重职工身边、眼前，职工碰的到的，工作用的上，干活使的着。绝活训练形式更新，内容更广，实用更强，覆盖更宽。基层人人练绝活，层层有绝活，处处是绝活。在“精调发动机气门间隙”项目中，作业224队温建辉仅用15分钟，完成间隙控制在0.3~0.35毫米的精确调校，远低于同行操作平均25分钟的耗时。

2. 推出“绝活”，提升生产实效性。绝活追求1厘米、1毫米、0.1%的变化，追求1分钟的效益，在实际生产中都带来“实效”。大队通过推广安全防控类绝活，增强了全员风险防控能力，各类安全隐患同比减少9%；班组单井开工准备时间由4.3小时缩短至3.5小时，单井平均起下钻时效由56根提高到63根；通过推广专业技术类绝活，强化了全员技术分析和应用能力，资料全准率保持100%，低效作业井同比减少12%。

四、思考评析

本案例找准工作中的痛点，开发出具有自身特点的工作模式。立足高标准苦练真功绝活，使员工操作技能越练越精，形成了“多米诺效应”。随着活动的推广延伸，绝活由单一技能向套路组合延伸，由个体到团队延伸，更突出系统性、连续性和长效性。绝活竞赛前期的练习，竞赛的实战，赛后的推广观摩到技能训练，形成了完整的基本功训练体系。在“练绝活”活动反复推动下，职工练出了高技能，队伍练出责任心，企业练出了高效益。

坚持开展每周一课，打造员工成长阶梯

江汉油田

摘　要：为全面提高员工队伍素质，广华采油管理区结合实际情况，坚持开展“每周一课”学习活动，不断提高员工能力和素质，为油田可持续发展提供可靠的智力支持和人才保证。

关键词：每周一课　能力素质　提升

一、背景描述

2015年7月，江汉油田广华采油管理区成立。随着机构、人员的变化，干部、员工不足三百人的广华采油管理区基层技术力量大幅减弱，岗位员工总体技术素质呈下降趋势。为改变这种局面，管理区深入开展“每周一课”等基本功训练。

二、基本做法

采油管理区以《采油工》等主要工种职业技能训练教程与鉴定试题集为标准，制定“每周一课”训练计划，做到理论学习“七有”(即有技能训练计划、技能训练教材、技能训练教员、技能训练教室、技能训练考勤、学习笔记、技能训练考试、考核奖罚)，实际操作训练“四有”(即有技能训练计划、操作项目、训练记录、考核奖罚)，日常技能训练“三个突出”(即突出重点要害岗位技能训练，突出标准化操作技能训练，突出新工艺、新技术技能训练)，操作岗位强化“三在岗”(即技能训练内容在岗位上落实、技能训练基本功在岗位上进行、技能训练效果在岗位上体现)，使技能训练覆盖率达到100%。

1.“三类”理论学习，提升员工综合素质。建立编排重点要害岗位，标准化操作，新工艺新技术等三大类学习内容，结合实际利用每周四下午，从生产运行、设备操作、新工艺技术运用等方面进行特色教学，组织倒休员工进行岗位技能训练。为让技能训练更加结合生产现场实际，在学习内容设置上强调缺什么、补什么的原则，最大限度的贴近生产过程，最大限度的模拟操作流程，最大限度的“仿真”生产过程中的故障排除和问题处理，使技能训练更贴近“实战”。提高了员工的学习兴趣。同时，进行技能素质需求分析、技能考评，形成项目个人素质综合评价表，据此制定训练课程，提高了训练的针对性。

2.“三步”实操训练，提升员工基本功。为使技能操作学习贴近实际，把学习课堂搬到生产一线，挑选专业精、善沟通的高级技师、技术骨干作为讲课老师，到现场手把手地教操作。采取“三步法”的方式现场教学，第一步带领员工熟悉岗位和操作范围；第二步示范并解释工作流程及主要步骤，详细说明每个流程步骤的具体细节，解释为什么要这样操作；第三步要求员工在监护下至少独立操作4次，直至掌握操作要领。通过递进强化的操作模式，有效提升了学员实际动手能力。

3. 坚持量化考核，提升员工学习动力。建立《岗位基本功训练检查考评标准》，明确了“练什么”“怎么练”“练成什么效果”等内容，将岗位练兵目标层层分解为员工个人可量化、可执行、可考核的具体指标；坚持“有训练就有考试，有考试就有考核”的原则，以岗位练兵标准为依据，对员工个人岗位练兵效果定期开展评价，通过每月张榜公布完成进度、定期考核、兑现奖励等方式，真正提高了基层员工对岗位练兵工作的重视程度。我们将技师授课和员工参与“每周一课”的考核奖惩情况记录在员工的技能档案中，技师授课评比情况、员工考试成绩作为员工升级评选打分和评先选模的一手资料，对超出规定授课课时、授课质量好的技师和超出规定学习课时、考试成绩好的员工在升级指标评选、年底评先选模时适当加分，达到业务学习、操作技能双提升。

三、主要成效

广华采油管理区开展“每周一课”学习活动以来，已授课65场次，参加学习3200多人次，全区员工素质得到很大提升，员工参加职业技能鉴定和基本能力考核时均全部合格，在各级业务竞赛和人才评选中取得优异成绩，高层级技能人才比例远高于全厂平均水平。由于人才较多，广华采油管理区各项工作在全厂名列前茅。

四、思考评析

“每周一课”训练形式能经常性地与员工面对面交流，便于摸清员工心理、针对性地解决员工遇到的问题和困惑，同时这种形式对师资的要求较高，不易组织开展。广华采油管理区拟针对这一现状，进一步优化技能训练方式，在坚持开展传统训练项目的同时，引入网上教学，微课教学等现代教学模式。同时，持续强化对教师的技能训练，不断提升教学效率，为企业培养更多人才。

“闯三关”以考促训，练技能强化基础

江苏油田

摘　要：江苏油田金东采油管理区基于生产需要，对员工能力现状进行深层次的分析，开展针对性训练，总结出“闯三关”以考促训，练技能强化基础的工作方法，有效推动了基本功训练开展。

关键词：岗位技能　技能训练　考核测试

一、背景描述

自体制机制建设推进以来，金东采油管理区生产班组由过去的小站变成3~6个小站组成的大班组，岗位员工管理的区域广了，设备多了。在此形势下，岗位员工要满足生产需要，必须具备适合大班组管理的生产技能。为应对新的要求，我们通过摸索总结出“闯三关”技能训练模式，以考促训，有效激发起员工强技能、练内功的积极性，推动了基本功训练活动的持续开展。

二、基本做法

“闯三关”技能训练法主要是对岗位员工进行三个方面的检测，通过设定基础分值，员工通过闯关发现自身不足，强化学习力度，提升自身基本功及业务能力。

第一关，岗位安全教育关。这一关是员工上岗的前提，是基础关。基础分值为90分，达不到要求不予上岗。管理区以班组为单元，将安全训练融入日常操作技能训练、转岗人员技能训练、新工艺新设备技能训练，组织员工学习，考不合格不能上岗。开展“查隐患 挣积分 当明星”安全活动，查找人的不安全行为、物和环境的不安全状态、管理上的漏洞和短板，提高员工隐患辨识能力。对上报安全隐患的员工给予积分奖励。每月管理区HSE监督小组对岗位员工安全技能进行考核兑现。

第二关，机考测试合格关。这一关是推动员工主动学习的推手，是提升关。基础分值是85分，达不到分值要反复参加基本功训练。江苏油田金东采油管理区通过组建岗位训练考试机房，每月安排班组人员集中到管理区进行训练，员工登陆江苏油田培训考试平台进行答题，所得成绩85分以上为合格，不合格的班组员工在次月再进行复试，直至合格。班组员工轮训成绩纳入班组奖金考核，有效提高班组员工练实基本功的积极性和主动性。

第三关，实践操作考核关。这一关是员工参与生产管理的关键，是实践关。基础分值80分，分值高低决定个人能否参加技术大赛，以及评先选优、职务晋升等工作。为帮助参考人员提升技能水平，我们充分利用厂技术练兵场的资源，每月开展一次班组对抗赛，每年开展一次管理区的业务竞赛，主要涉及采油集输注水锅炉四个工种。赛前组织技能训练，由过去简单灌输式学习变为自主选择的“点单式”训练，让大家根据自己的薄弱环节提出学习要求，使学习内容更具体、更有针对性。

三、主要成效

通过持续不断的努力，全区人员基本功进一步得到夯实，技术素质进一步提高，技能鉴定通过比例不断上升，员工参加厂业务技能竞赛取得了团体第一的好成绩。技能水平的提高，也促进了创新创效成果的涌现，管理区共提出14项创新创效成果，其中《连续加药装置的应用》获油田创新创效一等奖，《降低闵桥油田注水单流阀保养时间》获厂质量科技成果一等奖。《离心泵轴套取出工具改进》及《激光熔覆技术在高压注水泵柱塞上的应用》分别获厂质量改进成果一、二等奖。

四、思考评析

一流的能力就是通过一步一步的全方位训练强化培养出来的，“闯三关”技能训练法能够很好地让员工学到满足生产需要的岗位技能，同时班组技能训练能够结合岗位特点，加大对岗位员工岗位实践技能训练力度，有效地保障油水井的科学管理。

现场“小”课堂见到“大”效果

江苏油田

摘　要：试油作业的流动性施工特点使得一线职工的基本功训练存在较大困难。江苏油田工程技术服务中心依据现场施工实际情况，通过多种措施，开展丰富多彩的现场小课堂活动，有针对性的提高职工技能，从而达到全面提升职工素质的目的，小课堂见到了大效果。

关键词：现场学习　技能训练　素质提升

一、背景描述

试油作业战线一般较长，施工周期也较长，生产现场点多面广，生产任务繁重，目前基层职工技能水平参差不齐，影响到生产效率的提升。而且由于工学矛盾等问题的交织混杂，组织员工参加集中学习也存在较大难度。只有创新思路，有效利用工间、工余等碎片化时间开展现场“小课堂”学习训练，才能解决有关问题，推动基本功训练顺利实施。

二、基本做法

1. 技术骨干现场实时指导。与目前的干部跟班制度紧密结合，采取每个技术骨干承包一个班组的方式，以“难点在哪里就攻哪里，哪里是弱项就补哪里”为目标，紧扣当天的施工内容，开展“现场小课堂”现场训练。授课人员提前准备常规知识点，在现场亲自示范讲解岗位技能、作业流程，促使职工向“干标准活”转变。

2. 互动分享，员工自主授课。除了采取专业技术人员轮流担任老师授课的传统模式，我们组织青年员工参与到授课的环节当中，以此促进青年员工不断提高自身专业知识、操作规范和技能水平。参与授课的员工，在通过收集各种相关的资料、事故案例这一过程中，对需要讲授的知识有了更加深入的认识，对于提高员工的综合能力有着重要意义。通过讲解岗位技能，演示操作步骤，分享工作经验，构建了展示自我的平台，提高了主动参与的积极性，受到了青年员工广泛青睐。

3. 手把手贴身陪练，发挥师带徒作用。针对班组内每个职工技术方面的弱点，为其指定老师，签订师徒协议。利用现场实物作为教材，从结构到原理、到作用，以一对一的形式进行指导，能精确高效的提高职工的技能操作水平，直至其真正理解透，真正掌握。

4. 班前细致交接，班后及时总结。班前会采取班员轮流主持、班长补充，以提问的方式进行。课堂上紧扣当天的施工内容，让班组职工清楚当天工作流程、技术要领，掌握施工中的注意事项。班后会班长总结当天施工内容，针对各岗位的操作进行点评，职工提出的疑问进行讲解，达到举一反三的效果。

三、主要成效

机动灵活的现场小课堂方式，克服了一线职工学习中的诸多不利因素，实现了学习内容在岗位上找，技能训练在岗位上开展，学习效果在岗位上体现。

通过言传身教、干中学、学中干，进一步增强了职工技能训练的针对性和实战性。“一对一”、“互动分享”的学习方式使得职工不但可以有针对性的进行提高，而且提高了职工参与学习的积极性。实现了“相互学习，共同提高”传帮带的学习目标。

四、思考评析

现场小课堂因地制宜、贴近施工现场，具有较高的教学互动性，也有效缓解工学矛盾，进一步营造了浓厚的学习氛围，提高了职工的学习兴趣。给我们的启示是：规模小不一定作用小，把小工具用好了，照样能发挥大作用。我们在基本功训练工作中，不要看不起那些小的做法、小的改进，如果将这些零碎方法、小改进充分应用起来，积少成多，由量化引起质变，也会形成推动变革的强大力量。

强基固本从标准化操作开始

胜利石油工程公司

摘　要：胜利石油工程公司渤海钻井总公司创新实施标准化操作示范班学习模式，通过示范班上井进队开展一对一、手把手的岗位传帮带活动，让基层员工逐渐树立起“上标准岗、干标准活、做标准事”的工作理念，有效促进了员工标准化操作水平的提升。

关键词：标准化操作　技能训练　技能水平

一、背景描述

2009 年渤海钻井总公司新增大量劳务派遣工，新员工占到了钻井队职工总数的 40%左右。由于钻井行业是一个高风险行业，新员工没有任何的钻井工作经验，不熟悉钻井施工的岗位操作规程，给钻井生产带来了一定安全隐患。如何尽快提升新员工的技能水平，满足岗位工作需要，杜绝其在钻井生产过程中的“三违”现象，成为公司安全管理的重点和难点。针对这一情况，公司经过多次调研论证，认为强基固本必须从标准化操作抓起。

二、基本做法

公司创新组建了“标准化操作示范班”，逐队开展一对一、岗对岗标准化操作技能训练。

1. 标准操作千锤百炼。精心选拔人员，成立标准化操作示范班。为使示范班成员的操作动作达到规范、符合标准，他们采取了“一看二练三回顾”的学习方式。一看，就是分工种反复播看石油钻井工、钻井柴油机工和钻井液工的标准化操作光盘，熟练掌握每一个项目、每一道工序的标准动作。二练，就是在钻井训练基地将每个标准化的动作反复推演，成员之间相互监督配合，直到符合标准为止。三回顾，就是每天坚持把训练效果回头看，每个示范班成员都坚持记好各自的《工作日志》，每天将不规范、不标准的操作动作记录在册，不断强化规范，固化标准，让岗位操作标准内化于心，外化于行，成为名副其实的示范老师。

2. 巡回示范精准无误。标准化操作示范班逐队开展示范指导，示范班成员与井队当班班组的岗位人员结成帮教对子。上岗前，同当班职工一起，按照岗位责任制要求巡回检查项点，识别安全风险，一起整改潜在的安全隐患；工作中，面对面地用心讲，手把手地认真教，指导当班职工严格按照标准要求，进行规范操作，发现问题及时纠正，耐心解答员工操作中的各种问题；班后会认真讲评工作中存在的不规范行为，指出改进的方法措施。定期到公司施工的特殊工艺井及重点作业井段进行现场帮扶，做好井控防喷演练。他们还针对在示范指导过程中发现的设备、安全管理等方面存在的隐患项点，积极向井队和公司提出合理化建议，并协同井队一起整改，保障了井队安全生产。

3. 基地教学巩固提升。在训练基地，示范班成员同前来参训的井队员工一起学习理论知识，明晰设备构造原理及维护保养，掌握岗位安全操作规范，观看石油钻井工等工种的标准化操作光盘，再通过现场岗位一对一演示，让井队员工观摩学习，然后在老师的指导下进行实践操作，通过全程视频记录系统，进行实时回放，现场解剖、现场讲评、现场示范、现场整改，及时发现和纠正不规范行为，杜绝违章操作，使员工知道了自身存在的问题，明确了改进方向，较好实现了理论与实践的结合、教学与生产的统一。

三、主要成效

1. 送教到岗，缓解工学矛盾。充分利用“标准化操作示范班学习模式”，让基层员工在岗学习，员工不必脱产，就可参与岗位练兵活动，大大缓解了基层队工学矛盾。

2. 树立理念，固化标准习惯。示范班成员与基层队班组员工肩并肩，手拉手，通过岗位传帮带的方式，让标准化操作理念植入员工脑海中，落实到工作岗位上，促进基层队安全生产。

3. 取长补短，提高学习效果。“标准化操作范班”突出岗位实践操作，能较好地弥补理论教学的不足，提升了职工的操作技能水平，满足了岗位工作需要。

四、思考评析

本案例紧密结合生产实际，创新开展“标准化操作示范班”学习模式，夯实了基本功训练的基础。内容新颖、形式灵活，突出强化员工的岗位实践操作训练，将课堂搬进现场、将知识传授到岗位、将操作落实到人头、将标准细化到项点，实现了理论与实践相统一、学与干相统一、知识水平与综合能力相统一，有借鉴意义。

夯实钻机换型员工基本功，为钻井施工提质增效“蓄力”

江汉石油工程公司

摘　要：为保证钻井队钻机换型后的岗位操作安全，全面提升岗位技能操作水平，胜利石油工程公司黄河钻井五公司(以下简称公司)结合寒冬期“人机分离”管理的实际情况，着力强化钻机换型员工技能训练，努力打造一支能够在不同类型钻机、不同岗位操作的员工队伍。

关键词：人机分离　钻机换型　技能训练

一、背景描述

2014年下半年以来，受持续低油价影响，钻井工作量不足，钻机大面积停待，队伍压减、人员转岗等情况随之出现。面对新形势，公司推行了“人机分离”管理模式，即改变钻井平台人员和钻机捆绑的传统模式，将人员与钻机设备分离，让高效的队伍打有限的井位。在“人机分离”管理模式下，很多员工离开了自己熟悉的钻机，发生了钻机换型情况，岗位安全操作成为重中之重。对此，公司通过岗位集训练兵、员工跟岗实习、师带徒等形式，着力强化钻机换型员工技能训练工作，让员工能在不同钻机、不同岗位上安全操作。

二、基本做法

把钻井队干部、大班、工程班组骨干作为培养重点，以岗位操作技能、设备安装与维修保养等方面内容作为主要训练内容，实行停待期间跟岗实习和现场师带徒指导相结合的方式。

(一)跟岗实习学新知

钻井队停待期间的跟岗实习，一般为30型、32型钻机井队人员到40型钻机井队，40型钻机井队人员到50型钻机或有顶驱钻井队实习。

1. 跟岗实习，周期训练。跟岗实习以10个班次为一周期。实习期间，若本队有生产任务时，跟岗实习人员回本队上班；若实习一个周期原钻井队仍停待时，根据实习情况可继续跟岗实习或调整到其他生产井队跟岗实习。

2. 师傅指导，单兵练习。跟岗实习期间，安排操作技能标准、熟练、遵章守纪的优秀骨干作为指导师傅，对学习人员进行设备操作技术规程、安全注意事项等内容的教育并做好记录。指导师傅采取“一对一”单兵训练的方式，手把手指导学习人员，保证学习安全和效果。

3. 专家评价，合理使用。跟岗实习结束后，由安全、机动、技术等相关井队干部、大班及指导师傅组成评价小组，对学习人员的岗位操作能力进行评价。评价结果分为熟练、较熟练和不熟练。评价结果为熟练或较熟练者，继续回原队从事原岗位；评价结果不熟练者，继续进行实习或重新调整其工作岗位。

(二)现场师带徒练本领

钻井队整体更换钻机设备，由机动部门人员和原从事该套设备或同类型钻机设备的骨干(一般应包括干部、大班、班组长等)作为指导师傅，以师带徒的方式开展基本功强化训练工作。

1. 责任明确，范围清晰。对指导师傅划分责任范围，包括设备设施和所指导的岗位人员。

2. 现场指导，全程监控。自搬迁开始，包括设备设施的摆放、安装、调试及操作，必须在师傅现场指导监控下进行。开钻前，师傅须针对设备设施的维护保养事宜对相关岗位人员进行训练指导。

3. 能力评价，严格审核。钻井换型后开钻前，公司评价小组对学习人员的岗位操作能力进行评价，学习评价结果必须全部为熟练或较熟练时方可开钻；有不熟练者，继续学习，或更换操作熟练者后方可开钻。

三、主要成效

2015 年以来，先后有 7 个井队 150 余人参加了钻机换型现场师带徒式技能训练，60 余人到相应井队进行了跟岗实习。

1. 跟岗实习，练就过硬操作技能。通过强化转机换型员工的技能训练，所有跟岗实习人员能够熟练操作 2 种以上类型的钻机。

2. 标准操作，实现班组零伤害。在先后进行的 7 个队次的“人机分离”、钻机换型过程中，未发生人身伤害、井下事故。

3. 人机分离，优化人力资源配置。加强钻机换型员工技能训练，调动了员工工作的积极性，促进了人力资源的优化配置。

四、思考评析

针对钻机换型对相关员工的多机型基本功训练，是主动适应新形势的创新做法。他们在实际工作中取得的良好效果，证明了基本功训练活动开展，只要与企业发展、现场生产需要相一致，就能发挥它不可替代的作用。基本功训练应以满足生产一线需求为重点，只有这样，才能保证它的效果和持续性，也才能为企业生产加油助力。

在岗位中磨练，在磨练中成才

江汉石油工程公司

摘　要：为了提高新技术应用水平，加强技术人才储备，江汉石油工程公司西南牵引器中心紧贴生产实际，积极组织技能训练、技术研讨、现场技术指导等活动，较好地解决了现场施工中遇到的种种困难，有效提升了施工队伍的技术技能水平。

关键词：技能训练　牵引器　团队创新

一、背景描述

在涪陵国家级页岩气产能示范区的开发中，牵引器技术进步对长水平段水平井套管内测井技术取得重大突破起到关键作用，其“低成本、高时效”的特点得到了充分体现。在这项新技术的应用过程中，施工队伍相对年轻，技术力量薄弱等曾给牵引器的推广应用带来诸多难题，西南牵引器中心打出了“在岗位中磨练，在磨练中成才”的口号，扎实开展岗位练兵。

二、基本做法

1. 扎实开展操作技能提升。针对一线施工任务繁忙，队伍分散，集中脱产学习难等情况，围绕提升具体的生产操作技能，采取“工程开工前的准备期集中强化训练”、“工程间歇期总结性训练”和“工程完工休整期提高性训练”等形式有效开展技能训练，充分夯实基本功，为高效组织生产储备充足的能量。积极开展“师带徒”活动，以岗位现场教学为主，通过师傅言传身教，快速提高徒弟技能水平，缩短成长期。实行技术骨干跟班制度，开展现场技术指导的同时，检查训练成果在施工现场中的应用效果，查找分析实际应用与预期效果的差距，适时调整后期技能训练的重点，使训练更具针对性。

2. 积极开展技术攻关与交流。针对牵引器在施工中遇到的各种问题，牵引器中心组织专家、技术骨干成立创新工作小组，积极开展小改小革、发明创造等技术攻关活动。不定期邀请知名学者、专家开展现场授课与技术研讨，对新技术的推广应用和施工过程中的难点、热点问题进行面对面交流与解答。

3. 建立奖惩机制。牵引器中心每季组织员工开展综合测评，检验员工掌握程度及学习效果，测评结果与员工薪酬待遇、岗位安排等挂钩。对在开展技术攻关活动和现场施工过程中的一些好做法、好建议、好点子在应用中效果明显的进行专项奖励。

三、主要成效

通过扎实开展基本功训练，建立完善激励机制，使得员工完成了从“能干活到会干活”、“遵章守纪又不死板干活”的转变。在对牵引器的不断应用改进过程中，从生产一线产生了《电缆测井牵引器吊装保护装置》国家发明专利1项，“大斜度井防止仪器下滑的措施”等成效显著的小改小革10余项，《套管水平井测井输送技术在页岩气开发中的应用》获得第四届湖北省职工技术创新成果奖一等奖、石油工程公司科技进步三等奖；技术骨干、高级技师张志华获得2016年全国“五一劳动奖章”；牵引器的使用从最初牵引230米到创造2400米的中国牵引最长记录；2016年牵引器下井施工一次成功率达到了 100%。

四、思考评析

围绕岗位工作要求扎实开展技术攻关和操作训练，对牵引器的发展起到了重要作用，特别是开展的全员基本功训练，注重建立健全各项操作规程和规章制度，注重提高一线操作人员规范操作水平，对实现精细施工起到关键作用。

提升电缆拼接技术，降低生产运行成本

华北石油工程公司

摘　要： 华北石油工程公司测井分公司组织测井、射孔队员工学习电缆拼接技术，开展电缆拼接实际操作训练，使小队员工掌握电缆拼接技能，实现该项业务由外包转为自营，节约了生产成本。

关键词： 电缆拼接　实操训练

一、背景描述

随着测井行业的发展，对员工的专业素质提出了更高的要求，测井分公司结合实际，将小队员工掌握电缆拼接技术纳入“寒冬期”测井队伍技能训练必做要求，以解决上井施工过程中遇到电缆故障时，需要外部技术人员提供技术服务的难题，把外包业务转为自营业务，提高测井队伍市场竞争力。

二、基本做法

从理论到实操再到竞赛，通过系统地开展电缆拼接训练，促使小队员工较好地掌握电缆拼接技术。

1. 理论学习“重要领”。公司邀请电缆拼接专家授课，详细讲解电缆拼接工艺流程，分解每个操作步骤要领。特别是在最小长度的选取、影响拼接质量的细节等方面逐一解析，确保讲清讲透。结合学习中遇到的难点，完井测井分公司、射孔监测分公司多次组织开展学习研讨会，“大家讲大家听大家学”，促进整体水平提升。

2. 实践操作“攻难点”。以小队为单位，由队长组织全队人员开展电缆拼接岗位练兵，分公司邀请电缆拼接专家做现场技术指导。对拼接中发现的共性问题重点练习，针对电缆内芯拼接难度大，既耗时又是质量关键控制点的实际情况，开展分项单兵训练，单人考核，确保每名员工都能熟练掌握。

3. 技能竞赛“促提升”。完井测井分公司、射孔监测分公司坚持“以赛促学”方针，保证每季度有大赛，每月有小赛。针对训练中的关键点、难点、易错点，每月开展一次针对性的劳动竞赛，如内芯拼接，经过几次反复训练，拼接质量和时效都大幅度提高。每季度开展一次电缆拼接比赛，以小队为单位，对拼接时间短、质量高的小队进行适当奖励，增强员工参与的积极性和主动性；对时间、质量不达标的小队及时分析原因，寻找差距，开展针对性地训练，促进技能提升。

三、主要成效

1. 现场问题得以解决。当施工过程中出现电缆受损、卡断等故障时，小队长可以及时组织人员进行现场修复，一方面避免了电缆“带病”作业带来的安全风险，提高了测井资料质量，另一方面也减少了更换队伍、设备增加的时间成本。

2. 学习氛围逐渐形成。通过系统地开展电缆拼接训练，在小队员工掌握了电缆拼接技术的同时，也带动了员工学习其他专业技能的积极性，促进了员工整体业务水平的提升，真正实现了变“停待”为“储能”，为更好地服务甲方，满足市场需求提供了技术支持。

3. 生产成本明显降低。测井小队员工已经掌握电缆拼接技术，电缆拼接质量均能达到规定标准。在电缆发生故障时，不再需要外部技术人员提供技术支持，每次可节约电缆拼接费用5000元，有效降低了生产运行成本。

四、思考评析

通过电缆拼接基本功训练，小队员工较好地掌握了电缆拼接技能，提高了解决现场施工问题的能力，降低了生产运行成本，有效提升测井队伍市场竞争力。

岗位能力矩阵图促进基本功训练有的放矢

燕山石化

摘　要：为评价分析工的技能操作水平，以技能鉴定结果和岗位实操演练表现为依据，采用自我评价与相关技术员、班长的评价为参考，制作岗位的能力矩阵图，为人员的配置提供依据，促进员工的基本功训练。

关键词：岗位能力　矩阵图　基本功训练

一、背景描述

燕山石化质量监督检验中心分析二站成立于2009年3月，在质检二站的日常工作中，经常遇到本岗位分析工临时有事的情况，此时需要人员代替工作。安排代替的人员是否能够胜任，一直都没有有效的判断依据。因此，质检二站以强化基本功训练为目的，提出了建立人员岗位能力矩阵图的想法。

二、基本做法

将班组的各个分析项目以及相关人员列出，采用分析工自评与他评的方式，对员工操作工序的经验程度进行评价，将获得的结果汇总。

以质检二站成品班组为例，将成品班组的各个分析项目、仪器设备以及相关人员列出，经班组分析工代表、班长、相关技术员、车间领导讨论，制作一张空白的符合实际情况的岗位能力矩阵图。

首先，以技能鉴定结果和岗位实操演练为依据，由分析工自己评价，初步完成矩阵图的填写；其次，由班长对分析工填写的矩阵图进行核实；再次，对班长与分析工之间存在异议的项目，由技术员进行理论和实操的考核，完成对分析工能力等级的再次评估；最后，汇总填完的矩阵图，由车间领导对能力矩阵图进行最后的确认，并将完成后的岗位能力矩阵图公示。同时，针对由矩阵图上反映出的分析工技能的薄弱环节，由车间组织开展培训，进一步强化分析工基本功训练，并以此对岗位能力矩阵图进行更新，实现对岗位能力矩阵图的动态管理。(成品班组矩阵图见下图)

质量监督检验中心分析二站人员能力矩阵图

项目 姓名	密炼机	LABTEC开炼机	日本小平开炼机	蒸汽加热硫化机	电加热硫化机	岛津拉力机	INSTRON拉力机	τ值拉力机	岛津门尼机	友深门尼机	阿尔法硫变仪	一厂区产品报告	一厂区低门尼产品报告	二厂区产品报告	黏度计(溶液黏度)	乌氏黏度计(粘均分子量)	X荧光光谱仪	马弗炉	烘箱	气相色谱仪(胶中油)	液相色谱仪	红外光谱仪	凝胶渗透色谱仪	电位滴定仪	溶液色度	不饱和度的测定	硬脂酸盐的测定	凝胶的测定	产品判级
闫立梅	◔	◕	◕	◕	◕	◕	◕	◑	●	●	◕	◕	◕	◕	●	◕	●	●	◕	◕	●	●	◔	◑	◔	●	●	●	◕
王世俊	◑	◕	◑	●	●	●	●	●	●	◔	◑	●	⊕	●	⊕	⊕	⊕	⊕	◕	⊕	⊕	⊕	⊕	⊕	⊕	⊕	⊕	⊕	⊕
贾凡	◑	◕	◑	◑	◑	◑	●	◑	◑	◑	◕	●	⊕	●	⊕	⊕	⊕	⊕	◕	⊕	⊕	⊕	⊕	⊕	⊕	⊕	⊕	⊕	⊕
刘振海	◑	◕	◑	●	●	●	●	⊕	●	◑	◑	⊕	⊕	⊕	⊕	⊕	⊕	⊕	◕	⊕	⊕	⊕	⊕	⊕	⊕	⊕	⊕	⊕	⊕
郭林	◑	◑	◑	◑	◑	◑	●	⊕	◑	◑	◑	⊕	⊕	⊕	⊕	⊕	⊕	⊕	◕	⊕	⊕	⊕	⊕	⊕	⊕	⊕	⊕	⊕	⊕
苗志坚	◑	◑	◑	◑	◑	◔	●	⊕	◑	◑	◑	⊕	⊕	⊕	⊕	⊕	⊕	⊕	◕	⊕	⊕	⊕	⊕	⊕	⊕	⊕	⊕	⊕	⊕
蒋春霞	⊕	◑	◔	◑	●	●	●	●	●	●	●	●	●	●	⊕	⊕	⊕	⊕	◕	⊕	⊕	⊕	⊕	⊕	⊕	⊕	⊕	⊕	⊕
刘金海	◑	◕	◕	◑	◕	◔	●	◑	●	●	◕	⊕	⊕	⊕	⊕	⊕	⊕	⊕	◕	⊕	⊕	⊕	⊕	⊕	⊕	⊕	⊕	⊕	⊕
肖飞	◑	◕	◕	◑	◕	◑	●	⊕	◑	◑	◑	⊕	⊕	⊕	⊕	⊕	⊕	⊕	◑	⊕	⊕	⊕	⊕	⊕	⊕	⊕	⊕	⊕	⊕
王希文	⊕	◑	◑	⊕	⊕	⊕	⊕	⊕	⊕	⊕	⊕	⊕	⊕	⊕	⊕	⊕	◕	●	●	◑	◑	◑	◔	◔	⊕	●	●	◑	⊕
肖国存	⊕	◑	⊕	◑	◑	◑	⊕	⊕	⊕	⊕	⊕	⊕	⊕	⊕	⊕	⊕	◕	●	●	●	◕	◕	◕	◑	⊕	⊕	⊕	◑	⊕
王之颖	⊕	⊕	⊕	⊕	⊕	⊕	⊕	⊕	⊕	⊕	⊕	⊕	◕	⊕	●	●	◑	●	●	⊕	◑	◕	◔	◔	◕	◕	◕	◕	◔
崔玲	⊕	⊕	⊕	⊕	⊕	⊕	⊕	⊕	⊕	⊕	⊕	⊕	◕	⊕	●	●	◑	●	●	⊕	◑	◕	◔	◔	◕	◕	◕	◕	⊕
石学辉	⊕	⊕	⊕	⊕	⊕	⊕	⊕	⊕	⊕	⊕	⊕	⊕	⊕	⊕	⊕	⊕	◕	⊕	◑	◔	◔	◕	◔	◔	◔	⊕	⊕	⊕	●
耿艳辉	⊕	⊕	⊕	⊕	⊕	⊕	⊕	⊕	⊕	⊕	⊕	⊕	⊕	⊕	⊕	⊕	◕	⊕	◑	◔	◔	◕	◔	◔	◔	⊕	⊕	⊕	●
吴平莲	⊕	⊕	⊕	⊕	⊕	⊕	⊕	⊕	⊕	⊕	⊕	⊕	⊕	⊕	⊕	⊕	◔	◕	◕	◕	◔	◔	◔	◔	◔	◕	◕	◕	⊕
郭纯	⊕	⊕	⊕	⊕	⊕	⊕	⊕	⊕	⊕	⊕	⊕	⊕	⊕	⊕	◑	◔	⊕	●	●	⊕	◔	◔	◔	◔	◔	◕	◕	◔	⊕
王立平	⊕	⊕	⊕	⊕	⊕	⊕	⊕	⊕	⊕	⊕	⊕	⊕	⊕	⊕	⊕	⊕	◕	◕	◑	◕	◕	◕	◑	◔	◔	⊕	⊕	◔	⊕

⊕ 表现为未培训，不可操作
◔ 表现为正在培训，不可独立操作
◑ 表现为能够独立操作
◕ 表现为能够独立操作，能够发现解决一般性的操作问题
● 表现为能够独立操作，能够协助他人处理解决一些问题，可带徒弟

三、主要成效

通过岗位能力矩阵图，为顶岗人员的安排提供了依据，同时清晰了分析工的实际技能水平，明确了不同岗位人员应该具备的岗位能力，从而促进基本功训练有的放矢。

此外，岗位能力矩阵图粘贴于相应班组的公示栏处，有效激发员工的学习意识，促进员工的岗位互学意愿。

四、思考评析

岗位能力矩阵实际是一种团队建设工具，它以确保业务需求得到满足为前提，明确了各团队成员完成团队工作所需的知识技能和能力要求。质检二站岗位能力矩阵图的实施，不仅有利于质检二站的人员管理，而且使员工更准确的认识了自身的优点与不足，有的放矢展开基本功训练，有利于实现质检二站团队的进步与资源合理利用。

久久为功，打造全流程“365”学习模式

荆门石化

摘　要：荆门石化联合一车间通过开展流程“365”活动，将工艺流程的培训作为职工技能培训工作中的重点环节，做到了常态化和规范化管理，体现出工艺流程学习过程中创新方法、注重实效的目的。

关键词：职工培训　工艺流程　基本功训练　创新

一、背景描述

联合一车间是荆门分公司的龙头车间，现有的常减压装置、催化裂化装置和气分装置都是企业最重要的创效点。如何在保安全、保效益的前提下做好技能操作人员的培训工作，是车间面临的一项重要任务。针对生产经营形势和人员现状，车间进行了认真细致的调查分析。

首先，作为常年开工的主要生产车间，职工培训工作中工学矛盾十分突出，随着安全、环保的要求越来越严，各种技术改造、设备更新以及规范升级的速度也明显加快，如何在确保安全环保和经济效益兼顾的情况下做好职工培训工作，是摆在车间的一道难题。

其次，车间目前面临人员年龄老化、学习动力不足的问题，仅靠填鸭式

的培训方式，很难取得好的效果。如果在现有体系下，通过改进培训方式，尝试新的培训理念，对提高职工主动学习的积极性，将大有帮助。

二、基本做法

流程“365”活动，就是把装置所有的工艺流程分解成很多小流程，制定相应的激励机制，督促职工每天花很短的时间学习一小部分流程，一年365天，天天坚持，最终使画流程、跑流程成为一个常态，使每一名职工都成为本岗位的活流程。在流程题目的设置上，按照整体和局部的关系尽可能让每一道题都简化，但是对每道题要求画出所有的细节，包括现场的排凝、压力表、仪表引压管线等。最后通过对局部流程的积累，做到积少成多，完成本岗位整体流程的绘制和学习。

活动具体方案如下：

1. 制订出题标准。题目要细化，例如单体设备可以作为一道流程题，设备出口部分和入口部分可以分别作为一道流程题等。题目要具有连续性，逐步组成一个完整的系统。

2. 落实出题人。将出题任务分配到班组，主要是班长和技师作为出题人，要求出题人将题目与答案一起上交。

3. 明确出题时间。每月25日前完成下月的出题任务，并上报给各装置职工培训管理人员审核，次月一日前将审核后的题目上传到车间信息网职教培训。

4. 加强练习辅导。车间充分利用仿真培训系统加强记流程、画流程训练，专业技术人员和技师、高级技师通过师带徒的方式给予指导。

5. 进行考核奖励。出题人每出一题奖励一元钱。每月末抽考一个岗位，对班组团体、个人分别进行奖励，团体前三名分别加“五型班组”积分0.3分、

0.2分、0.1分，个人前三名分别奖励100元、80元、50元。

三、主要成效

1.“化繁为简”。将复杂流程分解简单的小流程，避免了学习过程中由于流程过于复杂不好查、不好记的弊端，使每一名职工先从局部开始学习，把每一条流程中的每一处细节都掌握清楚。

2.“积少成多”。流程“365”活动的意义在于日积月累，每天学习一段新流程，每天复习一段旧流程，把画流程、跑流程作为岗位活动中一项常态化的工作，经过一段时间的积累，把复杂流程中的每一个点慢慢连成线，从而达到岗位“活流程”的要求。

3.“按图索骥”。职工在学习小流程的过程中，为了便于记忆，将现场流程拍成一张张图片，标出相对应的关键阀门和设备，将原则流程图和现场实际图对照起来学习，就如同看图说话一样既能让操作工加强记忆，又避免了心中有流程，现场“一抹黑”的情况发生。

四、思考评析

工艺流程作为技能操作人员应知应会的基础知识，在学习过程中存在特殊的方式和要求，每一名操作人员要想达到“活流程”要求，除了把流程画在纸上，更重要的是要画在心里，这需要通过日积月累的学习积少成多。把现场实际与职工每天的工作联系起来，让职工从“要我学”转变到“我要学”。

强化“全流程操作”，培养全能型人才

茂名石化

摘　要：茂名石化通过开展“全流程操作”训练，使员工对相关装置的工艺流程、操作技术、事故处理的熟练程度得以提升，逐步达到多岗位操作—单套装置操作—多套装置操作—工厂操作等层级的标准要求，实现内操系统化、外操区域化。

关键词：技能操作　全流程　全能型人才

一、背景描述

随着企业劳动用工的不断优化，石化企业对员工业务素质的要求也在不断提升，由过去仅需满足单一岗位操作的基本要求，逐步演变为能胜任多岗位操作、多套装置联合操作的更高目标。员工业务技能单一、系统操作能力不强，是茂名石化员工队伍的现状。如何有效开展基本功训练，深化岗位技能培训，为公司岗位合并、班组整合及减员增效提供有力保证，是摆在茂名石化人力资源管理人员面前的一个难题。

二、基本做法

1. 制定个性化练兵方案。“全流程操作”训练启动之初，茂名石化组织各车间对操作人员的装置操作水平进行一次全面摸底，针对各员工目前的水平状况，分区域制定每位操作人员的年度个性化训练计划及 3 年学习培养计划，使每位技能操作人员都明确自身差距及奋斗目标。

2. 本岗位练兵。对新入职员工及部分未能完全胜任本岗位操作的员工实行本岗位强化练兵，采用理论辅导与技能训练相结合的方式，重点提高其对操作规程、安全技能和事故预案等的实际掌握能力，达到“精本岗”的要求。

3. 跨岗位实践。对达到本岗位操作要求的人员实行本装置多岗位轮换实践，采取个人自学、导师带徒、边学边干、专题辅导等方式，使其掌握本装置各岗位的操作技能，达到“会多岗”的要求。如茂名石化的催化裂化装置流程较复杂、设备种类多，学习难度相对较大，车间便将装置划分为 4 个区域，指定每个区域学习时间为 3 个月，通过组织全体操作人员轮流到各区域开展理论学习及实操演练，逐步具备单套装置“全流程操作”的能力。

4. 跨装置实习。对达到本装置多岗操作要求的人员实行跨装置轮岗实习，主要根据不同装置间工艺相差较大的特点，在训练安排上让两套装置的人员相互学习，采用岗位实践、导师带徒、个性辅导等方式，使其逐步掌握区域(系统)内各装置的操作技能，达到多套装置联合操作的要求。

5. 考评取证。对经基本功训练达到本岗位、多岗位、单套装置操作或多套装置操作要求的员工，由其所在单位提出考评认证申请，茂名石化人事部组织统一上岗资格考试。对上岗资格考试成绩合格的人员，其所在单位颁发相应层级的上岗证，并建立公示栏，上墙公示技能操作人员持证情况。

6. 强化激励考核。茂名石化在开展“全流程操作”训练过程中，坚持激励与考核并重，对取得多个岗位或多套装置上岗证的员工，视操作难度给予金额不等的一次性奖励，对实行全流程班组整合的区域外操、系统内操、系统班长实行基本薪酬、岗位绩效奖金系数上调政策；对未能按要求一次通过上岗资格考试的员工，予以个别辅导；对多次未能通过上岗资格考试的员工，予以严格考核直至调离相应岗位。

三、主要成效

截止2016年年底，已累计有354人获得系统全流程操作资格，2638人获得装置全流程操作资格，分别达到一线员工总数的8%和59.6%。随着“全流程操作”训练的深化开展，员工队伍操作技能的逐步提高，不仅为装置安稳长满优生产提供了有力支撑，还为岗位合并、班组整合创造了必要条件。如化工分部丁烯车间便是通过实行“全流程操作”训练与班组整合“三步走”方案，做到用一套人马开五套装置，成功实现了“人力资源效益最大化”的目标。

四、思考评析

通过打造“全流程操作”的练兵平台，以管理考评为支撑，以导师带徒、实操演练、仿真训练等措施为抓手，有效提升员工队伍的整体业务素质，为企业岗位合并、班组整合等劳动用工改革提供人员队伍保证。

岗位练兵标准化，操作行为规范化

茂名石化

摘　要：强化提升“三基”工作是实施企业发展战略的基石。茂名石化从夯实基本功训练入手，建立了基本功训练检查考评标准。各基层单位结合自身实际制定岗位练兵标准，通过开展岗位操作标准练兵，严格规范操作工操作行为，便于操作人员跨岗位学习，提高操作工岗位技能水平和“全流程操作水平”。

关键词：基本功训练　岗位练兵　标准化

一、背景描述

茂名石化化工分部乙二醇车间技能操作共有 7 个岗位，每个岗位约有 120 个操作点，若没有统一的岗位操作标准，操作工操作随意性较大，易发生操作不规范引起装置生产波动的现象；车间近几年操作人员流动大，新员工缺乏操作经验，车间原有的技能水平被“拉低”。让跨岗位学习不“走样”、不“缩水”，必须开展岗位操作标准练兵。

二、基本做法

1. 操作编写标准化

(1) 收集岗位操作标准目录。车间组织班组员工根据自身岗位日常工作要求及实际情况按《操作法》要求写出该工作的做法，将操作工所想、所做及时用目录呈现出来，按内操、外操、班长岗位工作实际，形成标准目录。

(2) 整理完善。工艺员将班组完成的操作标准目录及答案按照岗位分类好，剔除重复目录，完善答案，并根据操作目录编制各岗位详细操作内容。

(3) 交流研讨。将编制的操作标准目录及岗位操作标准内容下发班组讨论，根据讨论结果和《操作法》要求完善岗位操作标准。

(4) 操作标准审核。车间组织班组骨干、专业技术人员、车间领导进行层层审核，确保各岗位操作标准覆盖所有岗位操作，符合《操作法》要求并贴合岗位操作实际，以便对技能操作人员实施全面系统、规范化、有针对性的岗位练兵。

2. 岗位练兵标准化

车间将编制的岗位操作标准细化到每月的岗位练兵计划中，采取销项法100%落实到位，确保没有一个练兵漏点。

按照每月岗位练兵计划，车间以桌面及现场练兵形式开展“岗位操作标准”训练。首先，要求每个技能操作人员将本岗位关键操作内容编写进桌面练兵方案，采取相互授课和提问方式开展练兵，车间领导最终点评，指出操作要点及存在的问题，要求技能操作人员及时总结并做好知识要点的记录。其次，采取“导师带徒”方式开展现场练兵，由班长或挂钩师傅利用当班时间组织徒弟现场实操演练，将技能操作人员现场操作存在的疑点、难点及时梳理。

3. 考核评价标准化

车间按岗位操作标准编制成操作标准试题库，作为技能操作人员岗位资格和胜任能力评价的基础。一方面，班组人员认真参与岗位练兵，车间每周对操作工练兵效果进行评价——操作标准考试(从操作标准题库中抽取当周练兵内容相对应的试题)，并将考试分数登记、公开。另一方面，经上级专业审核通过，将岗位操作标准试题库作为车间所有新入职操作人员上岗考试和跨岗位学习操作人员的上岗考试内容，实现了“干什么练什么，练什么考什么”。

三、主要成效

实行操作标准化练兵后，装置操作工除了非常清楚本岗位有多少项工作和每项工作的操作方法、标准外，还能迅速应对装置突发状况，减少了非计划停车。2014 年装置创出了国内最长周期运行记录。2014~2015 年，装置连续两年提前一个月以上完成全年生产任务。2016 年，车间 90%职工通过装置“全流程”考试。

四、思考评析

车间制定岗位操作标准，完善岗位题库，通过开展岗位操作标准练兵，用岗位题库评价练兵效果和上岗能力，达到“以用致学、以学致考、以考促用”的目的，规范了技能人员标准化操作行为，确保装置安全平稳运行。

实行可视化看板管理，推进岗位操作训练

茂名石化

摘　要：茂名石化质检中心在开展区域岗位操作训练过程中，编制轮岗训练可视化看板，根据考核情况及时统计和动态通报职工练兵成果，用简单易懂的图标公布员工技能水平现状，促进了员工综合素质的提升。

关键词：可视看板　跨岗操作　区域岗位操作

一、背景描述

茂名石化质量检验中心师带徒、小班学习、新装置实习、每天半小时实操训练等基本功训练形式，切实提高职工多岗操作技能水平，率先实现跨岗操作，进而实现跨专业原有 53 个班组，通过实施班组整合后，减少 20 个，原有工作量的合并，相应分析项目进行合并，因而要求职工必须多岗多能。质检中心通过实操训练，最后实现全区域操作。

二、基本做法

质检中心准确统计中心员工目前掌握的分析项目现状，最终形成了 399 名技能操作人员对 971 个分析项目的掌握情况统计。划分装置分析全流程、

系统分析全流程、厂级分析全流程的界定标准。根据“检验区每一个项目必须有60%的人掌握，每个人必须掌握60%的项目”的目标，制定了《质量检验中心“区域岗位操作”培养与考评工作建议方案》。

“可视看板”动态公布成果。中心为5个检验区编制了轮岗训练可视化看板。看板按员工工作岗位掌握四分之一、二分之一、四分之三、全部分析项目情况绘制圈状表，简单易懂的图案展示，使每位员工现阶段掌握技能实现可视化，并张贴公布。

“奖惩结合”确保训练质量。以公司上岗考试为标准，建立质检中心标准化岗位题库、实操操作指导书，按标准化流程组织技能操作人员学习和训练。同时针对跨岗实践及装置分析全流程应掌握应知应会及实操内容，统一安排达到考评标准的操作人员参加公司的上岗考试，从严抓好实操考试。两年来，质检中心共进行了五次考试，共409人参加考试，386人通过考试，对没有通过考试的23人进行了通报考核。对达到掌握本检验区60%分析项目的人员进行奖励。通过考试的人员在看板上贴上相应区域圈状图案，让每位员工现阶段的能力可视化。

三、主要成效

通过开发“油品分析工”“化工分析工”“水质检验区”等五个工种特色题库作为日常练兵资料。以灵活多变的导师带徒、小班学习、新装置实习、每天半小时实操训练等学习形式，提高了职工多岗分析能力，促进了中心班组及岗位的整合。

截至2016年12月，质检中心职工总人数由成立时的494人减至427人，在人员不断减少的情况下，完成了煤制氢等12套新装置，5个烟气脱硫脱硝项目、2套污水处理系统及2套异壬醇装置配套系统的开车和正常生产分析工作。

四、思考评析

可视化看板管理这种模式，使每位职工现阶段的能力可视化，谁会什么，不会什么一目了然，有利于显化学习进度差距，对职工学习起到督促作用。班组可以进一步细化轮岗训练计划，通过灵活多变的基本功训练形式，对优化整合后的班组，持续开展跨岗时间，先跨岗上岗再训练，提高练兵的实效性。

互动式练兵助力安全生产

茂名石化

摘　要：茂名石化铁运分部检修车间为了不断提高职工岗位操作技能和技术水平，车间利用班前1小时，开展以“检修工作小结→疑难问题详释→学员充分讨论→教师适时引导→教师总结分析”为主要流程的“互动式练兵”，确保了铁路设备设施的正常运行和铁路运输生产的顺畅高效。

关键词：互动　练兵　能力　发展

一、背景描述

2014年7月，原机车车辆厂、电务车间、工务车间等3个车间合并而成铁运分部检修车间，2015年4月，进行了班组整合。检修车间职工队伍存在年龄偏大(平均年龄48岁)、技术骨干断层、新入厂职工少等问题，技术力量急需得到补充和加强。基于此，检修车间进行了探索和实践，摸索出了“互动式练兵”方法，自2015年开始实施，通过经验交流和案例研讨相结合的互教互学方式，取得了互相学习、经验共享、共同提高的良好效果。

二、基本做法

1. 制定“互动式练兵”计划

(1) 练兵目标：通过练兵，使学员能更高效正确判断、分析、处理故障，能熟练掌握检修的技能技巧。

(2) 练兵时间：原则上利用上班前 1 个小时。但练兵时间和频率是灵活的，视练兵内容和需要，由教师和检修小组组长商量确定。同时坚持两个原则：一是不影响正常的检维修，二是要注重时效性。

(3) 练兵内容：主要是检修技能技巧、疑难问题探讨，但要求要“新”。由各检修小组组长根据当日检修工作的新收获，在教师的指导下整理而成。

2.“互动式练兵”的组织开展

利用班前会，召集各小组成员(学员)集中一起进行互动练兵。

(1) 由各检修小组将前一工作日所进行的检修情况简要通报。

(2) 教师就前一天通报中需进一步交流和研究的问题(即检修过程中已解决或碰到的故障难题，也即练兵内容)，请检修组长详细介绍。

(3) 学员就这些故障的发生现象、原因，故障的判断思路，处理的方法、步骤和技巧，处理结果等，展开讨论、交流，提出自己的看法和做法。

(4) 在交流和研讨过程中，教师适时引导，启发学员的思维，开发学员潜在的知识和技能。

(5) 教师对学员讨论的意见进行归纳，做出结论性的意见。

3.“互动式练兵”的奖惩措施

为了有效开展互动式练兵，以提高检修人员的技术水平及检修质量，保证运输动力，制订实施如下奖惩措施：

(1) 各检修小组要按计划按要求参加互动练兵，并且做好相关记录，无故不参加的，每次扣该小组 100 元；

（2）各检修小组必须每天对检修情况进行分析总结，有新的经验要及时与教师沟通，并整理出供互动练兵上使用的材料。如检修小组敷衍了事，不进行分析总结，不愿意交流、推广自己的经验，每次扣检修小组 100 元，组长 50 元；

（3）开展评比优胜检修小组活动，每月定期检查，每月评出一个优胜检修小组。对故障处理过程分析总结到位，并积极进行经验交流推广且效果突出的小组，授予优胜检修小组称号，并给予 200 元的奖励。

三、主要成效

1. 互动式练兵方式新颖，通过互动教学活动，互相学习借鉴，分析优缺，取长补短，不断地提升检维修技能。

2. 通过互动式练兵，集思广益，将一些经验和办法通过研讨交流找出规律，成为学员共享的设备检维修资源，而且学员可以通过讨论、交流解决在设备检修过程中存在的问题。

3. 通过互动式练兵，挖掘了设备的运行资源，从而提高设备的运行效率，为铁路运输生产的安全高效提供保障。

4. 通过互动式练兵，总结出许多检修经验，不断完善检修规程。

四、思考评析

“互动式练兵”具有方便灵活、因地制宜、因人制宜的特点，在练兵过程中，强化讲师与学员之间的互动交流，通过现场讲解、亲身示范、手把手指导等方式进行处理故障的经验交流，老师与学员的角色也时常互换，把自已融进教学之中，练兵效果明显。

建好“技术能手焊接培训室”，提素强基保质量

石油机械公司

摘　要：建立以单位集团公司技术能手为负责人的“焊接培训室”，通过开展技能鉴定、分类培训、实施“岗位驾照12分法”等三步骤，让员工有针对性地提高电焊实操技能，保障培训效果在实际工作中得到显化，有效确保了结构件焊接质量的稳步提升。

关键词：焊接　培训室　鉴定　培训　12分法　技能提升

一、背景描述

在石油行业“极寒期”大环境下，用户对产品质量和交期要求越来越高，结构件分厂自2015年起多次因焊工技能参差不齐造成产品质量不稳定，交付矛盾突出。为夯实产品质量，提升交付能力，发挥专业带头人的引领作用，分厂建立以技术能手为负责人的“焊接培训室”，针对结构件常见的典型焊缝和处理方式开展训练，快速提升电焊工整体技能，取得了显著效果。

二、基本做法

石油工程机械有限公司第四机械厂结构件分厂建立了“焊接培训室”，通

过技能鉴定、分类培训、“岗位驾照12分法”考核三步骤形成PDCA循环，持续提升员工操作技能。

1. 技能鉴定，确定训练着力点。培训室把结构件常用的焊接方法和焊缝处理方式作为考察培训重点，组织全员实操水平鉴定。根据鉴定结果发现，电焊工实操水平与技能等级不完全匹配，42人中有15人1~2项焊缝不合格，7人合格，20人达到优秀，其中60%的焊工处理焊缝细节上存在瑕疵，对照工艺标准有较大差距。对此，培训室制订了基本功训练方案和培训目标，计划通过3个月培训消除不合格焊工，6个月内实现全员技能再提升，12个月内60%达到优秀水平。

2. 分类施策，突出训练针对性。采取理论教学、集中轮训和“30′微课堂”等多种形式，有针对性地开展分类培训。理论教学依托《WPS与焊接符号解读》、《常见材料焊接工艺》、《T型梁、承载盒焊接标准化作业指导书》等自制课件，重点提高焊工理论基础；集中轮训针对4种典型焊缝，每半天安排2~4人轮流进行训练，并把不合格人数最多的单面焊双面成型作为强化重点；“30′微课堂”侧重岗位答疑，培训室负责人及团队成员每天抽30分钟到各班组，针对现场正在干的产品找出问题并提改进建议。

3.“12分法”考核，巩固训练成果。培训室量化焊缝检验标准，提出“岗位驾照12分法”，为每名焊工每月设置基准分12分，对照标准不定期抽查产品，将得分情况与季度奖金挂钩，12分扣完强制停岗培训，待复试合格后再重新上岗。同时，通过执行“12分法”，培训室对所有焊工技能上的薄弱环节了如指掌，随时根据扣分项调整训练计划，形成了“培训—抽检—再培训”的循环。

三、主要成效

针对最常用的单面焊双面成型、角横焊、角立焊、全位置焊等 4 种典型焊缝，以及焊缝尖角包角、T 型盖面、交叉处理和复杂盖面等 4 种典型处理方式开展技能鉴定和岗位练兵，直接提升员工干活的能力和“底气”，改变了以往学用脱节的培训模式。

通过执行“12 分法”，开展产品抽查 16 次，考核 4 次，涉及各类产品 300 余件。优秀焊工与合格焊工的收入差距被拉开，部分自我感觉良好的焊工得到警醒，员工学技能练本领的愿望得到激发。

建立“培训室”以来，焊工合格率达到 100%，其中 27 人达到优秀，占比 64%，多数青工已能胜任关键部位独立焊接，分厂焊缝交检一次合格率由 90%提升到 97%，重点产品如井架、车架、钻台等生产周期平均缩短 32%。

四、思考评析

建立“焊接培训室”，充分发挥技术能手的专业优势和引领作用；根据生产实际确定培训重点，根据员工实操水平订立培训方向，提高了岗位练兵与实际工作的“契合度”；推行“岗位驾照 12 分法”，通过产品检验培训效果，通过约束和激励制度巩固培训成果，促进了基本功训练持续开展。

运用“四法”推进“扯丝”操作标准化

洛阳石化

摘　要：洛阳石化探索应用“四法”（一人一师、图文并茂、动态演示、分析比对）等多种形式的基本功训练，使岗位职工熟练掌握扯丝技巧，不断提高检验分析人员岗位技能，从而保证了产品质量。

关键词：四法　扯丝　标准化　准确率

一、背景描述

涤纶短纤维分析项目中的长度、线密度分析都必须先扯丝然后才能进行下一步分析，扯丝是物性检验分析人员必须熟练掌握的基本功。扯丝是纯手工分析，极为考验分析人员的工作经验和工作责任心，要眼到手到，还要有足够的耐心和细心，一般人员最少需练习 6 个月才能掌握扯丝技巧。随着班组人员的更替，更需要开展多种形式的基本功训练，提高新进分析人员的扯丝水平，确保分析质量。

二、基本做法

短纤维是比头发丝还细几十倍的化学纤维，许多分析项目甚至需要在显微镜或摄像头的放大下进行。扯丝是短纤维所有分析的基础，也是分析短纤维的基本功。通过多年的实践，我们探索出了扯丝操作标准训练“四法”。

1. 一人一师，师傅高水平。班组组织双方签订师徒合同，由班组里业务技术水平过硬、责任心强的技师、技术能手或班组长等生产技术骨干担任师傅。要求师傅要手把手地教，徒弟要实打实地学，班班要有训练记录。在规定的期限内，徒弟通过了班组组织的资格考试，师傅才能拿到酬金。通过这种把师徒利益联系在一起的方式，促进了师傅教的耐心，徒弟学的用心。通过教与学的互动，让师傅把自己多年来积累的技术和经验传授给徒弟，使徒弟尽快成长。

2. 图文并茂，资料高水准。班组专门找操作手法规范、工作经验丰富的老师傅，将操作步骤一步步分解，拍成照片，并在旁边配上文字说明，制作成图文并茂的标准化作业指导书。指导书放在岗位上，便于班组职工随时学、随时用，起到了指导操作、纠正不正确操作手法的作用。

3. 动态演示，视频高标准。班组选取手法操作规范的师傅，按照国家操作标准要求，录制纤度、长度等分析项目的标准化作业视频，并配以字幕和语音解说，详细说明操作手法。视频资料放在班组电脑上、职工的手机里，方便职工随时学习，使岗位人员能更直观地学习到规范的操作手法。

4. 分析比对，坚持高要求。班组定期开展分析比对，建立了分析比对台账，要求每名职工参与比对工作。比对时用标样分析，将分析结果与标准值进行比对，查找数据偏差的原因，校正扯丝操作手法。当发现分析数据出现异常，班组技术人员就会全程跟踪，查找异常原因，然后教会大家消除分析误差的方法，使全班人员的分析水平不断提高。通过分析比对，能够帮助分析人员找到自己操作手法的不足，不断纠正并提高。

三、主要成效

通过在“扯丝”这一基本功训练上动脑筋、想办法，班组职工的岗位技能取得了明显的提升。班组承担着洛阳分公司 10 万吨/年短纤维装置的检验任务，每年外报数据 20300 多项，出厂定等分析 1450 余批，全部实现零差错。班组两次参加仪征化纤组织的涤纶短纤维定值分析，分析数据全部通过了精密度试验，得到了专家的高度认可。在国家纺织品检验中心组织的每年一次的涤纶短纤维产品质量抽检中，班组的分析数据也都顺利通过认可。

四、思考评析

“四法”的运用，为岗位职工学技术创造了条件，为更好地激发岗位职工的学习热情，班组还积极推进轮岗操作，岗位一月一调换，对没有达到轮岗要求的职工，在月度绩效考核中予以兑现考核。

第二单元

导师带徒

发挥大师工作室“龙头”作用，深入推进基本功训练

中原石油工程公司

摘　要： 中原石油工程公司钻井三公司创建技能大师工作室，打造人才培养高地，创新活动载体、人才培养模式，深化了基本功训练，强化了技能人才素质，提升了队伍核心竞争力。

关键词： 技能大师工作室　人才培养

一、背景描述

企业要发展，人才是关键。公司技能操作人员队伍庞大，但高素质技能人才占比小、作用发挥不到位等问题还比较突出，公司技能大师工作室按照公司人才培养战略整体要求，创新思路，完善机制，发挥拔尖技能人才引领带动作用，深化基本功训练，取得了显著效果。

二、基本做法

1. 机制新，强化技能人才培养。公司将拔尖技能人才队伍建设作为操作队伍建设的重中之重，投资创建了以集团公司技能大师李元化名字命名的工作室、充实了 11 个单位技师工作站，为拔尖技能人才搭建了作用发挥平台。

创新工作机制，制定 8 项配套制度，建立以集团公司技能大师为领衔人的核心团队，成立攻关小组、抱团成长小组、学习交流小组等兴趣小组 7 个，形成以技能大师工作室为引领，各基层队工作现场为教室，以攻关、学习、成长等小组为基本活动单元的三级技能人才成长“孵化”体系，将公司几十个主体专业(工种)的一千多名技能员工凝聚在一起，形成集现场难题攻关、技术交流、成果推广、人才培养于一体的技能人才成长平台。

2. 方式多，深化基本功训练。大师工作室领衔人负责主任技师的培养和能力提升，集团公司技能大师、工程公司首席技师每人每年带 2~5 名主任技师，突出攻关创新方法、成果推广应用、带徒传艺技巧、能力短板提升等。单位主任技师每人每年至少带 2~3 名技师或高级技师，着力提升解决生产现场实际问题、小改小革、技艺传承等方面的能力。高级技师、技师负责基层操作人员的培养，每人每年至少带 2 名徒弟，主要是进行技能技艺的传授和岗位业务能力的提升，固化开展日常工作和创新创效的基本功。

3. 交流频，强化技术交流共享。大师工作室定期召开月度、季度工作例会，总结安排工作，分享技能“一招鲜”，推动个人工作方法、绝招绝技在工作室内部进行共享；不定期开展专题研讨、技能训练学习等活动；开展精品课件评选表彰，推动单位主任技师、高级技师上台授课，促进技艺传承；利用智能手机，开发手机会议视频 APP，实时传输工作室开展的各类会议，解决工学矛盾；组织开展攻关成果发布交流、“图书漂流”、“好书分享”等活动，激发高技能人才学习、创新热情，引导大家强化基本功，为企业多学技能，多创效益。

三、主要成效

通过探索实践，形成以技能大师为核心、技师工作室为着力平台、以攻关、学习、成长等小组为基本单元的三级技能人才成长“孵化”体系，通过开展带徒传艺、技术交流、技能训练活动，充分发挥了技能大师工作室的“孵化器”作用，有力地促进了技能人才基本功的强化。通过大师工作室的“孵化”，469名一线员工获得职业资格晋升，其中26名高级技师被评为单位主任技师，21名技师取得高级技师资格，48名高级工取得技师资格；获得30项国家专利、4项国家级创新创效成果、6项省部级成果、30项局级成果。《管具自动移送装置》等23项现场难题创新成果应用于生产现场，大大降低了劳动强度，提高了生产时效，降低了生产成本，累计创效5000多万元。工作室成员所带徒弟，多人在局级及以上竞赛中取得名次，其中获得集团公司业务竞赛金银铜牌奖12人。

四、思考评析

创建技能大师工作室，在现场生产难题攻关、技能技艺传承、技能学习培养中发挥了不可替代的龙头带动作用，具有广泛的推广价值。通过开展层层带徒传艺、技术交流活动，充分发挥了技能大师工作室的“孵化器”作用，有力地促进了技能人才成长。

技师工作站打造高技能人才"蓄水池"

中原油田

摘　要：中原油田采油四厂技师工作站在长期工作中，通过创新模式、搭建平台、交流协作等多种方式，把技师工作站建设成为企业的人才站、攻关站和创新站，强化了人才队伍基本功，形成了优秀技能人才的"蓄水池"。

关键词：技师工作站　高技能人才　技能训练　创新

一、背景描述

以前，采油四厂技师等高技能人才管理属于分散式管理，他们分布在不同的工作岗位，缺乏交流，技师队伍的优势、团队的凝聚力没有得到充分运用。为充分发挥高技能人才优势，采油四厂创新高技能人才培养模式，建立技师工作站，开展基本功训练、技能人才培养、难题攻关等工作，实现了员工基本功和创新能力的"双提升"。

二、基本做法

1. 创新模式，建立高技能人才"聚集地"。以"汇聚创新激情，凝聚技术力量"为工作理念，结合技术工种带头人评选工作，组建技师工作站。采取虚拟机构实体运行方式，下设采油综合、井下作业、油气集输、电器维护、设备综合、维修保障 6 个技师工作室。工作室定期邀请大家聚集在一起，分享经验、研讨问题；每月两次组织成员深入现场组织员工基本功训练、传授高招绝技、开展现场难题调研，引导基层员工不断强化基本功，增强降本增效、为企业做贡献的工作能力。

2. 搭建平台，打造高技能人才“蓄水池”。每年开展技能训练课题调查，根据员工技能操作的薄弱环节和学习意向制定工作计划，利用技术课、职工大讲堂、现场技术观摩等方式展开基本功训练。技师工作站每名技师每年至少与 2 名员工结成师徒对子，立足日常工作细枝末节，从技术上、思想上、作风上开展传帮带，引领和带动广大员工提升技能水平和工作效率。“一对多”的带徒活动，既增强了“师傅”的责任感和荣誉感，又加大了“徒弟”的压力，激活了学习的热情，同时带动一大批青年员工投入学习新知识、苦练基本功的行列，优秀人才辈出，厂里有问题不能解决“找技师工作站”；一线队伍技改缺人手，“找技师工作站！”，使技能工作站成为能够持续向企业提供优秀人才的“蓄水池”。

3. 交流协作，建设高技能人才“创新园”。把每月的 10 日、25 日定为深度研讨日，对工作站成员从生产一线、互动平台收集的技术难题和全厂员工提出的合理化建议，进行可行性论证，确立攻关项目，并根据课题涉及专业和技术含量，实施团队攻关和独立攻关。根据每名技师的技术特长，科学划分 18 个指导责任区，定期为基层职工传经送宝、解疑释惑，先后解决现场疑难问题 256 项。通过难题攻关活动，将一大批技能人才汇集到他们周围，通过他们言传身教的影响及工作中的实战锻炼，有效强化了他们对业务知识与掌握，提升了他们创新创效的实际能力。

三、主要成效

提升了员工技能素质。通过理论与实践的融合、菜单式、实战式的技能训练，大大提升了员工技能水平。先后组织开展各类基本功训练活动 198 期，带动参与员工 5200 多人次。持续的基本功训练活动，使广大员工技能水平得到显著提升，个人也因此取得诸多回报。266 人取得技师及以上资格证书，35 人获油田、集团公司技术能手。工作站成员有 5 人摘得中国石化集团技术大赛奖牌，3 人在河南省技能竞赛中获得奖牌。其中卢建强获中华技能大奖、全国劳动模范、国家级技术能手，李红星、高阳获河南省“五一劳动奖章”，李红星获“河南省十大杰出工匠”称号。

促进了油气生产经营。先后获得国家专利 96 项、国家级创新成果 8 项、油田创新成果 56 项，推广应用成熟技术 36 项。多项成果应用于生产中，创效 6 千多万元。抽油机可拆卸式调平衡操作平台在全厂推广后，不但减少了停井时间，而且减少了操作风险，年创效 51. 2 万元。

四、思考评析

技师工作站目前已经成为员工强化基本功的重要课堂，成为技能人才交流经验、分享成果的论坛。成为融合中心工作、集中破解现场难题的平台，也造就了一支素质优良、技术精湛、作风过硬的高技能人才队伍。采油四厂技师工作站多年如一日，长期组织基本功训练活动，长期坚持了在自己岗位上，攻关难题、搞技能训练、带徒弟，这种坚持不懈的毅力让他们从无到有，积少成多，促进了油气生产经营。

破题攻关传技艺，搭建师徒“连心桥”

胜利油田

摘　要：胜利油田胜东社区以吕书栋创新工作室为依托，以问题为导向，以提素为核心，以实战为目标，立足生产实践搭平台、练内功，创新实施“巡诊”带徒、解题带徒、攻关带徒，推进师带徒由指定结对向项目牵线、由理论向实战、由“1+1”向“1+N”转变，促进了高技能人才技艺和“绝活”的传承。

关键词：问题导向　破题攻关　师带徒　创新工作室

一、背景描述

吕书栋创新工作室成立于2008年，是以山东省富民兴鲁劳动奖章获得者、胜东社区首席技师吕书栋命名的山东省劳模工作室，工作室以3名首席技师、5名主任技师为主要成员，是社区技能人才的聚集地。近年来，在传统协议带徒基础上，胜东社区管理中心立足生产实践和工作室人才聚集平台优势，将解决社区生产疑难问题作为师带徒的立足点，推进师带徒由协议式“1对1”向动态式、解题式、攻关式、服务式模式转变，让服务生产成为师带徒的推动力，让问题成为牵引师徒的连心桥，实现了师带徒向一线延伸、向疑难发力，向现场靠拢，带徒也由“1+1”向“1+N”转变，更灵活、更有活力。

二、基本做法

1.“巡诊”带徒断疑难。发现问题、提出问题，是解决问题的前提，是保障生产运行的必然要求。为提升员工发现问题、判断问题的能力，社区将技能训练重心下移、带徒传艺前移，每年定期组织工作室首席技师到生产一线开展“巡诊”服务，在“巡诊”过程中与一线员工结为师徒对子，指导徒弟如何发现、判断问题，对疑难问题进行会诊，并开展系统化训练，解疑答惑，将积累的经验和技巧传授给徒弟，促进素质提升。3 年来，共到 25 个基层队一线巡诊 30 余次，指导徒弟发现、判断各类疑难问题 200 余个。

2. 解题带徒见实效。为提升带徒的实战效果，针对在“巡诊”中发现的各类问题，在现场指导徒弟解决问题技巧，并采取师徒双方角色换位法，由师傅干主要工作，徒弟当助手，徒弟充分掌握基本方法和技巧后，换位让徒弟干主要工作，师傅当助手，徒弟在实际操作中体会师傅传授的技术要领和方法，在师傅的指导下学懂、学会，学透，将解题过程由教室转向现场、由理论转向实战，更直观、更系统，提升了带徒的实际效果。同时，针对“巡诊”解题中的普遍问题进行提炼，形成标准化维修操作手册和技能训练手册，提升广大员工业务技能和操作水平。2015 年，针对带徒攻关的监控线路断点研判项目，在社区开展了巡诊解题，发现修复各类故障 150 余处，使社区监控完好率达到 95%以上，让 40 多人出徒，熟练掌握了监控维修技能。

3. 攻关带徒促提升。在“巡诊”中不仅解决了一般性生产难题，提升了一线员工的技能水平，而且针对过去技术含量较高需委托市场维修的项目，推进攻关带徒，向高技术含量的项目攻关发力，助推了社区创新能力的提升。近几年来，工作室高技能人才与各单位业务骨干组成破题攻关师徒团队，学理论、找专家、查资料、深研究，直至掌握原理、攻克难题，先后攻克了视频监控、蓝牙门禁系统故障等技术难题、电动车维修等方面的技术难题 10 余项以前需委托厂家维修的项目，实现由外委转变为自修，在攻关中带徒 25 人，营造了破题促学习、破题促思考、破题促提升的浓厚氛围。

三、主要成效

1. 促进了技艺有效传承。推进问题导向式带徒，将传统带徒向工作现场延伸，实现了最好的技能训练在现场，让师傅的技艺和“绝活”得到了有效传承。

2. 促进了团队合力提升。巡诊一线、破题攻关、现场解题过程中实现了师徒共同学习共同提升，更建立了工作室与生产一线的结合点，实现了由单兵作战向团队合力迈进，提升了服务生产和创新能力，每年都有 20 余项成果运行到生产实际中。

3. 促进了全员素质提升。依托工作室开展问题导向式带徒，使带徒更有针对性，促进了带中学、学中干，提升了徒弟发现问题、解决问题的能力，促进了全员素质提升。目前胜东社区持证上岗率 100%，有集团公司技术能手 2 人、油田技术能手 15 人，近三年先后有 20 人次在油田竞赛中获奖。

四、思考评析

创新工作室是人才聚集的摇篮，是改革发展的“助推器”、技术创新的“催化剂”、培育人才的“孵化器”。本案例充分发挥创新工作室作用，创新开发出“问诊”“解题”“攻关”等有自身特点的工作模式，依托工作室实施问题导向式项目带徒，让问题和项目成为师徒间的“连心桥”，促进技艺传承，激发了基本功训练的活力。

科研院所师带徒活动办出新特色

西南石油局

摘　要：西南石油局勘探开发研究院在专业技术人员的师带徒方面，让基本功训练工作串点成线、连线成网，全面覆盖日常生产科研工作涉及的各个专业板块，形成了专家带中坚骨干的“名师带高徒”、中坚骨干带年轻员工的“师带徒”模式，既夯实了三基工作，又促进了人才梯队建设。

关键词：科研单位　人才梯队　技术骨干　传帮带

一、背景描述

勘探开发研究院三基工作、比学赶帮超活动等一系列工作都开展得比较顺利，取得了一些效果，但多数时候展现出的是各自为阵、单打独斗、各自总结的情况，似乎缺少一根“中线”将所有工作串联起来。通过分析研讨，该院以师带徒活动将一系列的工作串联起来，使师带徒逐渐成为了经营管理工作的一堂重要的必修课。

二、基本做法

1. 确定师带徒的专业技术范围。以油气勘探、开发的生产科研工作为中心，划分出地震、测井、油气地质、气藏工程、经济评价、实验分析等专业板块，再细分出专业研究方向。

2. 确定师带徒的层级。将“师带徒”分成两个层级，一是“名师带高徒”，即由局专家带技术骨干(主要是主任师和副主任师)；二是“师带徒”，即由技术骨干带年轻员工。形成老、中、青传帮带体系。

3. 自主双向选择师徒关系。根据全院各大专业技术板块及专业技术人员的分布与技术层级，首先确定导师，然后公开自主、自愿选择，最后确立师徒关系。

4. 签订师徒协议。明确培养目标和培养期限，落实学、教职责。

5. 制定保障措施与激励政策。将“名师带高徒”和“师带徒”工作纳入对专家、技术骨干和年轻员工的年终考核范畴；明确控制工作过程，提交传帮带的月报、季报和年报；师带徒协议期限确定为三年，期满开展评优，进一步激励奖励。

三、主要成效

1. “名师带高徒”和“师带徒”工作是打造一流员工、创建一流岗位的新载体，为建设一流勘探开发研究院和推进西南油气田跨越式大发展夯实了重要基础。

2. 充分发挥了我院人力资源优势，最大限度的激发了各级各类人才的价值创造力，让老、中、青三代员工都丰富了价值存在感，全院人才队伍的归属感也得到了进一步加强，凸显了技术人员爱岗敬业与忠诚企业的可贵精神。

3. 实现了专业技术团队的自我学习、自我培养和中、青代技术人才快速成长，达到了共同提高的目标，发展了人才队伍，储备了攻关技术力量，为打好“三大会战”做出了应有贡献。

4. 逐步解决了专业技术人才"断代"问题，实现了老、中、青三代技术人才的有机衔接，一部分年轻员工已迅速成长为独当一面的技术骨干，人才梯队业已成型。

5. 期满已经评选出第一期"优秀师带徒"，树立了传帮带典范。

四、思考评析

"师带徒"是把年轻员工培养成专业技术骨干，把骨干培养成专家的一种有效途径。西南石油局勘探开发研究院通过形式多样的师带徒活动，让基本功训练工作串点成线、连线成网，并尝试将师带徒经历融入职称晋升、职务晋级等工作的参考条件，具有很好的启发意义。

师徒层层带，技能天天升

西南石油工程公司

摘　要： 以“师带徒”活动为抓手，西南石油工程公司重庆钻井分公司各钻井队采取一级带一级、一班带一班、一个带一个的方式，形成至上而下的师带徒学习“金字塔”模式，促使员工技能水平快速提升，不断增强队伍综合施工能力。

关键词： 师徒　技能　提升

一、背景描述

随着企业现代化发展的不断推进，呈现出队伍结构多元化、员工需求多样化、人才流动快速化的新形势，基层一线操作类技能人才的常规变换和流动，成为影响队伍综合施工能力的重要因素。如何让新入职员工、转岗员工快速适应岗位需求，确保安全高效生产，是当前的一大课题。为解决这个突出问题，重庆钻井分公司创新提出“金字塔”技能训练新模式，并发动各基层队在实际工作中积极应用，依托“师带徒”活动开展，充分调动钻井队、班组、操作能手的“传、帮、带”作用，层层带、层层教，个个都受益，团队得到提升。

二、基本做法

1. 一级带一级。即在钻井队层面开设“微课堂”，“微课堂”涵盖“每日一题”、“每日一句”、“每日一问”等自主学习载体。每天班前，钻井队 HSE 管理员为全井队员工，钻井技术员为井队大班、正负司钻，大班司钻为钻工，机械技术员为大班司机、柴油机工、电焊工分别出一道关于业务技能、安全、环保方面的题目，题目当天作答，并进行讲评；钻井队把所有题目收集整理，每月组织一次技能测试，测试成绩优秀和技能提高较快的员工，钻井队给予表彰奖励或提拔重用。重庆钻井还延伸了“班前 5 分钟、班后 10 分钟”的新型“微课堂”，“班前 5 分钟”是由副井队长或大班结合班前会，对当班工作内容和安全注意事项进行安排提示的同时，对班组中的新工人或初级技能人员重点进行岗位安全、技能操作教学、提示；“班后 10 分钟”则是由带班队长或当班主管技术员对当天的工作过程和内容进行点评，指出应持续改进的内容和措施。

2. 一班带一班。即组建示范班组，以点带面，在规范班组员工操作行为的同时，提升队伍整体操作技能。重庆钻井分公司专门成立了以西南石油工程公司首席技能大师向伟为顾问，编制 11 人的标准化操作示范班组。示范班组采取轮训的方式，轮流到各个钻井队值班，现场演示操作技巧和方法，带动其他班组进行标准化操作，纠正不规范、不安全的操作行为，提升全公司基层班组的操作水平。标准化示范班组组建以来，足迹已踏遍四川工区所有井队，还深入新疆戈壁钻井队施工作业现场，在生产第一线进行标准化操作示范，提升了基层一线技能操作水平。此外，部分钻井队还组织大班、司钻等操作能手，组建临时性示范班组，在本单位示范带动，提升整体技能操作水平。

3. 一个带一个。即为转岗或新入职员工每人指定一名师父，签订师徒协议，以月为单位，定期考核“师带徒”成效。师徒结对子后，师父在正常工作的同时，帮助徒弟尽快熟悉新环境，融入新集体，并采取“理论+经验”教学法，在现场、在岗位，实操演练手把手教徒弟，教学主要内容包括本岗位所需的规范操作知识、操作技巧、岗位安全知识等，师与徒在“学中干”，在“干中学”。部分钻井队还采取“双向选择”模式，师徒之间自由搭配，师父选徒弟、徒弟选师父。公司还特聘师向伟为特约教师，专门培养兼职教师，让更多的员工成长起来，带出更多、更好的徒弟。

三、主要成效

1. 提升了员工素质。通过层层带动的“金字塔”学习模式的推广，员工技能操作水平持续提升，综合素质显著增强；师父也是徒弟、徒弟变成师父的角色转换不断发生。

2. 解决了工学矛盾。“师带徒”立足生产一线现场，徒弟在工作中学、师父在岗位上教，边工作、边教学，在推动生产任务完成的同时，达到了训练徒弟的目的，有效解除了工学难的问题。

3. 保障了安全生产。徒弟作为第一受益者，技能水平在层层训练中不断提升，安全生产的能力逐渐增强；公司井下事故率、复杂情况率逐年下降，2015 年事故率仅为 0. 05%，创历史最好水平。

4. 增强了施工能力。员工综合素质的提升，确保队伍综合施工能力不断提升，公司队伍所在的四川、重庆、新疆、科威特钻井市场信誉良好，市场占有率均名列前茅。

四、思考评析

通过持续不断的"师带徒"活动开展，钻井队、班组、员工个人层层带动，公司技能操作整体水平大幅提升，安全生产卓有成效，也为员工个人的快速成长搭建了平台。

“六个一”培训考核体系，助推新员工岗位成才

金陵石化

摘　要： 金陵石化炼油运行二部结合生产和队伍实际，探索对新入职员工进行“六个一”(健全一个组织网络、开展一项岗前培训、制定一项培养规划、每月组织一次考核、每季实施一次考评、年度举办一次答辩)基本功训练，取得很好效果。

关键词： 新员工　职业生涯　人才培养　培训体系

一、背景描述

近年来，随着企业的快速发展和技术的进步，提升人力资源效能和人力资本价值，用好人才资源增量，成为企业面临的重要课题之一。作为金陵石化直属最大最重要的生产运行单位之一，炼油运行二部立足装置类型全、工艺流程长、产品种类多和专业人才集聚的优势，探索建立了针对新引进高校毕业生始业期的“六个一”培养考核体系，帮助促进新员工快速融入企业、提高综合素质，为公司和运行部培养储备了一支优秀年轻后备队伍。

二、基本做法

金陵石化炼油二部主动与公司“新员工三年期职业生涯发展规划”对接，在新员工入职后的第一年细化实施“六个一”培训培养，发挥各层各级领导、专家的传帮带作用。

1. 健全一个组织网络。在坚持“首席技师工作室”“技师示范岗”传艺解惑和“导师制”“双导师制”带徒培养的基础上，建立由运行部领导、各专业科室长、各装置负责人、专业技术骨干、技师班长等组成的培养组织网络，统筹研究谋划新员工培训培养工作，结合新员工学习经历和性格特长，落实专业培养、能力提升、思想帮带的联系人和负责人。

2. 开展一项岗前培训。在公司级入职培训的基础上，利用新员工初到生产一线两周左右的时间，再进行一次系统性针对性的岗前培训，使新员工全面了解运行部的生产装置、工艺流程、产品结构、安全环保以及组织架构、制度体系、管理文化等情况。

3. 制定一项培养规划。结合公司新员工职业发展指导意见和工作实际，考虑新员工个人发展意愿、所学专业、性格爱好，为新员工量身定制三年期职业成长发展规划，明确不同阶段的学习目标、内容、方式和考核标准，按照技能型、技术型、管理型等不同的发展方向定位，落实相应的培养措施，并在实践中动态修正调整。

4. 每月组织一次考核。依据培养目标和培训工作计划，明确新员工月度培训考核的要求、流程及办法，开发配置学习资料、课程课件、仿真软件等，统一组织月度培训效果考试测试，包括卷面考试、现场问答、参与专项工作等，考核最终成绩在月度经济责任制考核中与培养者（师傅）和新员工双方挂钩兑现。

5. 每季实施一次考评。由运行部领导、各工区负责人、首席技师等组成的考评小组，每季度对新员工进行一次综合表现情况考评，包括撰写技术报告和学习心得、每月考核成绩、参与检修或技术课题、日常表现等情况，考评结果分为优秀、良好、合格、基本合格、不合格五个档次，与个人奖金紧密挂钩，对表现突出的给予提前转正定级等奖励。

6. 年度举办一次答辩。一年期培训结束后，组织新员工撰写专业技术论文，由运行部相关专业的领导和专家、首席技师、技术骨干组成的评委小组对其进行能力水平答辩，随机提问相关问题，全面考察新员工一年来的学习效果和技术技能掌握情况。年度综合评价情况，作为新员工岗位使用、薪酬定级、后备培养的重要依据。

三、主要成效

加速了新员工岗位成长成才。通过实施“六个一”培训，成批次的新员工迅速成长为生产经营管理各条战线的骨干力量。2009 年以来的 7 年多时间里，分配到炼油二部的 80 余名本科及以上高校毕业生，80%以上在工作三年内走上了装置内操以上岗位，6 人已成长为基层领导人员，近三分之一成为生产技术、设备、安全管理的骨干。

实现了员工与企业和谐共赢。通过加强基层一线始业期的培训培养，先后有 20 余人因专业和综合素质突出，调整充实到公司相关职能处室，其实际工作能力得到了公司认可。

营造了崇尚学习、你追我赶的良好氛围。在“六个一”培训考核导向的指引激励下，新员工学有压力、做有动力、推动形成了比学赶帮超的局面。

四、思考评析

“六个一”基本功训练模式，紧密结合炼化企业生产特点和队伍状况，抓住了新员工职业开头起步这一关键时期，形成了从计划规划制定、培训考核实施、过程监控修正到效果评估、结果运用的一套完整可行的培训考核机制，让新员工墩正根苗、打牢基础，端正学习态度、明确努力方向，收到了良好效果。

双向选择，相互促进，持之以恒开展“师带徒”活动

金陵石化

摘　要：金陵石化热电运行部以提升职工技能操作水平为人才队伍建设目标，拓宽培训思路、创新培训方式。该部长期开展“师带徒”活动，通过师傅和学员双向选择，结成师徒对子或工作搭档，实行一带一、一帮一的“带、管、教”负责制，强化基本功训练。师傅和徒弟相互促进，共同提高。

关键词：双向选择　相互促进　常态化

一、背景描述

近年来，金陵石化热电运行部相继建设投用了220kV变电站、锅炉脱硫脱硝装置以及煤粉锅炉“一炉一塔”改造项目设施。新装置建成投用意味着需要有员工到新装置工作。在人员不足的情况下，只能现有员工在维持老装置运行的同时开好新装置。热电运行部职工年龄结构老龄化严重，新入职员工的成长步伐需要加快，让他们在较短时间内成长为岗位上的技术骨干，也成为热电运行部面临的主要问题。

二、基本做法

金陵石化热电运行部采用“师带徒”培训方式，通过签订师带徒协议，按月检查培训效果，及时兑现奖励等工作，通过与师傅的经常性交流，让换岗、新入职员工的技术技能水平得到持续提升。

1. 双向选择，自主自愿。热电运行部每年下半年向职工征集带徒和“拜师”意愿，根据职工意愿，选出作风优、水平高、责任心强、经验丰富的骨干作为师傅，再通过自主自愿、双向选择方式，让师傅与新入职或转岗员工结成师徒对子，签订师带徒协议，实行一带一、一帮一的“带、管、教”负责制。

2. 相互促进，完善机制，实现共同提高。热电运行部建立和完善“师带徒”工作运行机制，对师徒的“责、权、利”做出明确规定，并在实际工作中跟踪、测评、考核、评比，确保“师带徒”活动取得实实在在的效果。师徒合同期满后，组织考核小组对师徒进行考核，全部合格的师徒将得到奖励，并作为人才评价的基础信息保留。对于合同期间徒弟在工作上所发生的事故，师傅承担对等责任；对徒弟在工作中因成绩突出所得的奖励，师傅也对等享受。

3. 持之以恒，常态化培训，提高培训实效。热电运行部常态化开展“师带徒”活动，2013~2016年，共组织签订了61对师徒协议。师傅每月为徒弟制订详细的培训计划，在干好各项本职工作的同时，有所侧重地教导徒弟，把自己的一技之长灵活地传授给徒弟；徒弟每月进行一次培训小结，总结一月来自己所学所获和尚存在的不足。

三、主要成效

通过“师带徒”活动等一系列基本功训练，热电运行部利用现有人员成功满足了新老装置的人员要求。参加师带徒的人员在个人职业生涯中收获良多，徒弟之中有2人走上领导岗位，多人成长为各自专业的技术员、班长、主操，成为技术骨干；师傅中1人成为公司级专家，2人成为主任师、副主任师，多人因为带徒在职称评审、职业技能鉴定中获得加分，从而顺利被评定为技师、高级技师等。

四、思考评析

开展“师带徒”活动，不仅对师徒双方产生相互影响、相互促进的作用，同时影响和带动了他们周围的人，形成良好的积极向上的整体学习氛围。

青年部落结硕果

天津石化

摘　要：天津石化炼油部联合七车间创新“技术员带徒”活动，努力打造出青字头战斗队的品牌项目，将车间培训工作带上新的台阶，职工们给这项活动起了一个响亮的名字叫做“青年部落”，通过“零食”培训与周末“加餐”、“针对性仿真训练”和争创“优秀检修团队”这三项活动，职工的操作技能水平和综合素质得到全面提升。

关键词：奉献　拔高　多岗位　争创

一、背景描述

2015 年初，联合七车间为了激发职工学习积极性，发挥他们主力军的作用，经过实际调查和研究，车间提出了“技术员带徒”活动为着力点的培训理念，经过一年多持续不断的摸索和改进，取得了较好的效果。

二、基本做法

在推行“技术员带徒”培训活动中，联合七车间实行网络化动态管理。由车间主任负责总策划、副主任负责组织协调、技术人员负责具体实施，做到了组织周密、内容务实、奖惩分明。

1.“零食”培训与周末“加餐”。“技术员带徒”具有自身特点。首先要端正学习态度；二是落实培训学习时间，将12名徒弟的技术水平提升到新的高度；三是改变培训策略，由车间的大系统培训改变为“零食”培训与周末“加餐”。徒弟自主学习，技术员针对理论知识、现场流程对当班徒弟随机提问，或者利用周末一上午的时间，先理论后现场。具体内容为：周末8：00在车间会议室，由技术员和大家一起从装置的设计原理、工艺流程、原料性质、工艺参数以及产品质量等多方面入手，分单元、分层次逐步推进，然后技术员向大家抛出指标优化的问题，徒弟阐述自己的优化原理和具体措施，并做好记录；10：00大家来到培训的第二课堂：装置现场，在这里，大家对记录的疑问、难点进行实地考察，逐个推敲，最后大家来到中控室，通过DCS画面审定方案的可行性，最后由技术人员下发操作指令。

车间通过微信平台建立了“技术员带徒交流群”，将操作和学习中遇到的问题上传到微信空间，大家共同参与交流、研讨。

2.“针对性仿真训练”——争当“多岗位”能手。为增加车间青工队伍发展后劲，仿真系统成为培养“流程通”、“全岗通”的好帮手。针对技术员所带徒弟的岗位不同，每月进行跨岗位仿真训练，徒弟通过练习，得到与实际操作同样的体验。利用针对性仿真软件，只要按照生产装置的操作步骤进行练习就可以达到目的。在仿真教室里，青工可以体验装置的开、停工和事故处理。通过系统仿真训练，到2016年底12名徒弟真正做到了“一人多岗”和“一岗多职”。

3. 争创“优秀检修团队”。2016年是装置检修年，技术员带徒活动提出了争创“优秀检修团队”的口号，针对12名徒弟检修知识缺乏的实际情况，由技术员牵头，增加了工艺副主任辅助的双重培训方法。同时分组细化，每个技术员分配2~3名徒弟，以“一带一”、“一帮一”的培养形式，从开停工方案的编写到现场吹扫绘图，对所属检修装置进行系统学习，坚持“每日一题，每周一图，每月一考”的技术培训，对培训记录进行归纳总结，对优秀“师徒组”进行奖励，对未按时完成培训任务或培训效果差的“师徒组”进行考核。开停工和检修期间，青工们成为车间的中坚力量。

三、主要成效

联合七车间“技术员带徒活动”开展了两年多时间，取得了多项成果，其中《提高航煤闪点合格率》QC 成果获得天津市质量管理协会优秀成果，年增加经济效益 48 万元。截止到 2016 年底，参加活动的大学生已有三人取得了技师资格，一人经选拔成为了工艺技术员，一人在中石化总部举办的催化重整装置操作工技能竞赛中获得金牌。

四、思考评析

2015 年以来，联合七车间以“技术员带徒”活动为着力点，理论联系实际，做实基本功训练工作，在提高职工素质的同时，也增强了团队的凝聚力。“青年部落”已深入人心。

技师开讲，群带群帮

长岭炼化

摘 要：如何更好地解决技术更新和技能人员素质提高的矛盾，长岭分公司炼油第一作业部抓住了关键的少数——技师群体，利用技师工作室，组织技师开讲，充分发挥技师的示范和引领作用，通过群带群帮，促进技能人才成长。

关键词：技师群体 开讲 群带群帮

一、背景描述

长岭分公司炼油第一作业部包括石油一二次加工、产品精制及环保处理等多套装置，涉及技术面广、工艺复杂。近年来，随着炼油技术不断更新，技能操作不断优化，对员工的技能水平和业务素质提出了更高的要求。如何快速提高员工的技术、技能水平，炼油第一作业部抓住了关键的少数—技师群体，充分发挥技师群体在现场操作、经验积累、事故判断和处理等方面的示范、引领作用，通过群带群帮，促进技能人才成长。

二、基本做法

1. 建立平台、完善机制。建立“技师工作室”平台。2010 年，湖南省在炼油第一作业部创设了首席技能大师“葛大兴工作室”。2014 年，公司在作业部催化、焦化、加氢、脱硫四个片区外操岗位陆续建立了四个技师工作室，构建出了一个完整的三级制“技师工作室”平台。即“葛大兴工作室”作为作业部级传技学艺平台，各片区“技师工作室”既作为片区级、又作为班组级传技学艺平台。技师工作室现有技师 40 人，涵盖了催化裂化装置、延迟焦化、蜡油渣油加氢等 10 余个工种，覆盖了作业部所有内、外操的工作场所。每个工作室根据人员规模配置相应的硬、软件设施，包括电脑、投影仪等，主要以适用、简约为原则，让参与人员有一个安静舒适的环境。

完善“技师工作室”机制。为让技师平台充分发挥作用，每个工作室选派专人负责工作统筹协调、专题开讲等事务，又以班组为单元分设四个小室负责人，负责当班技师开讲、主题研讨等。技师开讲遵循“三有三会”原则，“三有”是要求技师开讲必须有针对性、有课件、有案例；“三会”是要求参加学习的员工学习后会判断、会步骤、会应变。

2. 因地制宜、因人施教。技师开讲以一对一、一对多或多对多的形式，以授课、讨论、反诘、推演为主，直到每个参与人员掌握所授技能或技艺。对员工个别疑难问题、补学短板的，利用上班空闲时间一对一开讲，使之熟练掌握相关知识。对操作层大多存在困惑或需协调的难题，以班组为单元，利用上班空闲时间一对多开讲，以提高集体应对、协同处理能力。对班组间存在的操作差异性等系统问题，以片区为单元，利用上班前一小时一对多或多对多开讲，以提高操作统一性与协同优化能力。对具有独特技能、专有技术的技师，由作业部按计划组织实施，以作业部为单元，利用“葛大兴工作室”进行专题开讲，解决技术强、难度大、层次深的问题。

3. 把好三关、引入绩效。把好课题关。开讲人根据实际或自身专长，选定课题，制作 PPT 课件，经课题小组集体讨论、修订，报作业部主管领导审批后，才能作为开讲课件。

把好授课对象关。授课对象可由开讲技师指定、班组指定、片区指定，或自愿报名，参与学习者按签到、考勤、课后练兵提交“作业”等方式综合考评，纳入月度考核，跟踪评价纳入年度绩效。

把好开讲频次关。班组开讲2个轮班一次，片区开讲一月一次，“葛大兴工作室”开讲一季一次。每一名技师、高级技师一年不得少于两次开讲。所有技师开讲课件、表现、效果等进行综合评比，作为月度考核、年度评优、职位选聘等的重要依据。

三、主要成效

2015年仅班组空闲时间的开讲专题课件就有26个，评比优秀课件6个；提炼操作法35个，评比优秀操作法12个，有952人次参与学习。近年来有15名大学生骨干分别走上了副主管、技术员、班组长岗位，18名操作工取得技师资格，5名操作工分别获得了集团公司技术能手、安全卫士称号，67人次在公司“炼塔杯”技术比武中获奖，2人获得状元称号。

四、思考评析

技师开讲抓住了关键的少数，既锻炼了技师群体，又辐射了全体操作层，实现了群带群帮群提升。技师工作室给了员工一个学技能、求进步的平台，有利于全员全方位提高。技师开讲，让操作工就近就地分享技能成果，使得先进技能得以快速传播与迅速掌握，为企业安全生产提供了多重保障。

依托技术课题攻关，探索“四化”师徒模式

长岭炼化

摘　要：结合市场对产品的需求和技术管理中的难题，建立“定向化、实用化、成果化、动态化”的“四化”导师带徒人才培养模式。通过师徒联动、集思广益，不断攻克技术难关，有效解决生产“瓶颈”问题；通过导师带徒的“薪火相传”，提高年轻技术人员的思维动手能力，解决人才队伍的老化断层问题；通过优胜劣汰、奖勤罚懒，完善激励机制，畅通技术人才成长通道。

关键词：导师带徒　技术攻关　人才培养

一、背景描述

长岭分公司油港作业部是中国石化“东海牌”沥青在中南地区最大的产品仓储和加工基地。目前，油港作业部员工平均年龄已超过40岁，技术人员年龄结构逐步老化；加之，沥青产业市场竞争日趋激烈，客户对沥青的质量要求越来越高，给作业部人才培养和市场经营带来了巨大挑战。为了提高年轻技术人员的综合素质，促进沥青的产品研发和市场开拓，作业部开展了以技术课题攻关为载体的导师带徒活动，建立了“定向化、实用化、成果化、动态化”的“四化”导师带徒人才培养模式。

二、基本做法

1. 课题选择“定向化”，寻求“两个突破”。作业部在沥青产品研发、加工生产过程中，一是紧盯沥青市场对新产品的需求，在产品研发上寻求突破；二是咬住沥青生产操作过程中的瓶颈问题，在技术改进上寻求突破。针对不同的课题，采取导师和徒弟联合定向技术攻关的方式，建立“一带一、一带多、多带一、多带多”的导师带徒模式，成立以导师为组长的技术攻关小组，签订技术攻关责任书，明确师徒职责、攻关目标和期限。

2. 技术攻关“实用化”，做到“三个到位”。一是技术方案指导到位。导师结合攻关课题，利用自身的技术经验和理论功底，指导徒弟参与方案的思考、讨论和完善，对疑点难点问题“口对口讲”，对实验研发步骤“手把手教”，直至师徒达成一致共识，并出台具有可操作性的技术攻关方案。二是方案实施跟踪到位。导师采取“每周一检查、每月一讲评、每季一总结”的方式，对徒弟实施技术攻关方案的过程进行跟踪，导师根据徒弟的实验记录和反馈结果，提出指导意见，完善实施步骤，控制实施进度。三是方案效果验证到位。技术攻关方案实施之后，导师根据产品研发和技术应用的指标参数，和徒弟们一起“回头看”，既看新产品实验的性价比和稳定性，又看新技术应用的可行性和合理性，确保技术攻关达到预期目标和最佳效果。

3. 技术应用“成果化”，追求“三个领先”。每一项技术攻关课题完成之后，对每一个成熟的新型沥青产品，对每一项成型的沥青加工技术，导师组织技术攻关小组着手编制专门的实验总结和技术论文，导师确定指导目录，徒弟编写技术方案、实施明细。师徒通过反复论证和推敲，合力形成专业技术成果，着力追求“三个领先”：一是在技术成果应用中领先，及时申请技术专利保护；二是在同类产品中性价比领先，真正得到客户一致青睐；三是在市场开发上领先，提前占领前沿产品市场。

4. 效果评价“动态化”，实施“四个挂钩”。作业部制定《导师带徒量化考核细则》，结合导师带徒活动中“技术研发、工艺应用、成果转化、市场效益”等方面的贡献值，根据项目周期，对导师带徒培养效果进行综合评价。结合评价等级，落实“四个挂钩”的激励机制：一是与年度绩效评价和考核挂钩，对创效明显的“优秀师徒”给予重奖；二是与岗位晋升晋级挂钩，对表现突出的“优秀师徒”优先任用；三是与职称评审和职位聘任挂钩，对同等条件的“优秀师徒”优先评聘；四是与个人学习和培训挂钩，对技术创新的“优秀师徒”优先送外培训和深造。

三、主要成效

课题选择“定向化”，让年轻技术人员在导师的指导下进行新产品的实验研发和新技术的应用转化，提高了沥青新产品新技术的创新能力，提升了年轻技术人才的综合素质。技术攻关“实用化”，优化了沥青装置生产工艺，为沥青生产装置的运行提供了选择路径和优化平台，提高了沥青生产装置的利用效能，降低了沥青产品加工的生产成本。技术应用“成果化”，填补了沥青技术领域空白。沥青技术成果通过总结和转化之后，成为了受保护的知识产权。导师带徒“动态化”，加快了年轻技术人才成长。

四、思考评析

依托技术攻关，实施“四化”导师带徒培训模式，是油港作业部在技术创新和人才培养中探索的一条新路，取得了显著成效。面对长岭资产分公司“扭亏脱困”的严峻形势和全面深化改革的巨大压力，如何解决年龄结构老化所导致的“后继乏人”问题，激发技术人才的创造力，是今后在企业发展和市场竞争中深刻思考的问题。

隐性知识显性化，变员工经验为公司财富

石家庄炼化

摘　要：通过制度设计，理念引导和精神、物质激励等组织管理形式，组织员工把自己隐形的经验教训最大程度地外显、记录、固化成为易于员工间学习交流、感知体会的显性文本知识，进一步积累加工成企业整体知识，从而营造良好的学习共享氛围，提升员工整体素质，减少甚至避免重复工作和“组织失忆”，发挥企业整体优势，进而提升公司竞争力。

关键词：隐性知识　显性化　标准化操作

一、背景描述

在生产经营中，类似“由于有经验员工的离开，致使一些原来曾经发生过的问题不能顺利处理”的事情时有发生。石家庄炼化目前技能操作队伍老化严重，未来五六年中，大批有经验的老员工面临退休，而他们在工作、成长过程中积累沉淀的大量隐性知识技能，如果不及时整理出来也必将随着他们的离去而失传。所以怎样把一些员工经验教训型的隐性知识进行显性化记录保存下来，成了一项重要任务。

二、基本做法

近几年来，石家庄炼化通过技术比武优胜者操作案例汇编、《导师带徒教案》积累、成立班组长和技师沙龙编制标准操作法和标准化操作视频和创建“培训在线”信息化平台等工作，在隐性知识显性化方面做了一些有益的探索和积累。

1. 通过公司技术比武，积累优胜选手亲身经历的事故案例，以《隐性知识显性化系列丛书》的形式，集印操作案例汇编，初步积累了技能操作队伍尖子人才事故处理方面的部分隐性知识和技能。要求技术比武所有获奖者按照操作岗位性质将隐性经验总结成5000字以上材料，产权归公司所有，并且要作为导师带徒弟。

2. 通过师带徒培养，在推动教与学的过程中，完成隐性知识技能的传承。为此公司为每一位师傅、徒弟分别配备了精心设计的《导师带徒教案》、《学习记录》本。要求各级部门做好《导师带徒教案》记录整理、考核激励和归档利用工作，形成了技能操作与专业技术两支队伍顶尖人才的隐性知识显性化积累和隐形技能传承的日常化机制。每对师徒要做到“三有”：有目标计划、有参考教材、有创新项目；教学内容填写在公司统一发放的《师带徒教案》中，要求每月必须至少一条记录，《师带徒教案》和学习记录要坚持教什么(学什么)就记什么的原则。可以师傅出题目，徒弟作答，然后师傅再批改修正的形式做教案记录的方式教授，要实用有效。避免工作、教学、记录相互脱节。可以徒弟撰写，师傅讲评，公司通过周检进行抽查；每季做一次理论或技能的考核；半年做师徒带徒情况的总结，并填写在教案中，公司每年组织专家进行年度的联合大检查，对全体师徒做一个360度的综合评比。

在导师教案的日常管理上，师带徒期间将《导师带徒教案》放置在本单位公共场所，师带徒结束后作为技术资料存档，作为新入职的大学生学习培训的重要资料之一。这样不仅可以使更多的人观摩学习和监督评价各位师傅的带徒情况，而且对积累企业实操经验，避免人走技术走的“组织失忆”现象有很大帮助。

3. 成立班组长和技师沙龙编制标准操作法和标准化操作视频，通过班组长沙龙，让班组长自己把在工作中的管理思路、具体措施、经验教训等用语言表达出来，并文本化显性记录下来。这些案例来自于班组长身边熟悉的环境、熟悉的人，是班组长自己的事、自己的话，更容易理解和借鉴，有不少“适合自己的，拿过来、用上去”，就可以直接“推动自己的工作”。通过技师沙龙，让技师们根据日常生产操作编制标准操作法和制作标准化操作视频。

4. 建立“培训在线”信息化平台，为隐性知识电子化积累和更便利地传播共享奠定基础。从 2007 年起，公司着手建立了“培训在线”信息化平台，将各类文本化显性的隐性知识，如：《班组长手册》、标准操作法、标准化操作视频、视频课件等，进一步整理上传“培训在线”，在显性化的基础上实现“电子化”。基本满足了信息化管理和培训资源共享的要求。

三、主要成效

通过以上操作案例汇编、“培训在线”创建等工作，公司初步建立了“从公司技能操作和专业技术两支队伍顶尖人才，到技能操作队伍全员化的隐性知识技能传承和文本化显性积累”机制，对“通过技能操作队伍骨干组成的群众组织进行重点攻关、示范引导，以及利用信息化手段进行隐性知识技能电子化积累和传播”进行了有益探索。截止目前，“培训在线”共享音视频、课件资源 8115 条，点击 313688 人次。职工可以按照个人需求和公司阶段性的统一要求进行在线训练和学习。开发了适合各级各层的培训教材，完成了 12

套装置的教材、隐性知识线性化丛书16册。

四、思考评析

通过汇编技术比武优胜选手亲身经历的事故案例，初步积累了技能操作队伍尖子人才事故处理方面的部分隐性知识和技能，为广大操作员工快捷地了解和掌握生产装置典型异常工况及应急处理，提供了极大便利。

通过班组长沙龙、技师沙龙，为基层班组建设和高技能人才搭建了一个交流沟通、共享资源的平台。利用文字、图片、动画和视频等标准化课件来进行教学活动，使得用普通教学手段难以讲清楚，甚至无法讲清楚的知识重点、难点及一些抽象难懂的知识，变得直观而形象起来，可以让操作人员方便、快捷、高效了解和掌握操作技巧，让操作人员以最佳的效果和最轻松愉快的方式提高自身的标准化操作能力。

站长讲堂善引领，智慧分享共成长

安徽石油

摘　要：安徽石油分公司依托基层加油站站长宝贵实战经验，开展站长大讲堂，为企业经营、安全生产、党建三基、家文化传播经验出谋划策，借助“知鸟”移动学习平台将宝贵经验推送至每一位员工手机，切切实实将基本功训练落实到每一位基层员工，共同面对经营困局。

关键词：站长大讲堂　经营管理　党建三基

一、背景描述

受日益激烈的市场竞争、国际油价波动等多重不利因素叠加影响，安徽芜湖石油经历了近年来最为困难的经营创效局面。站长作为基层加油站的第一负责人，其能力素质直接影响到加油站经营管理水平提升。为强化站长队伍建设，进一步夯实基本功训练，深化加油站党建三基工作，为经营困局撕裂一道缺口，为管理思维增添一抹亮色，安徽芜湖石油“拓销量、强管理”站长大讲堂应运而生。

二、基本做法

安徽芜湖石油站长大讲堂分两期举办，共迎来10位优秀站长主讲，首先由经营管理负责人对当前形势作深入剖析与解读；其次，由站长逐位上台发言，将基层经营管理、党建三基、安全生产、成长历程毫无保留分享给石油全体员工；再次讲堂就经营管理突出问题进行讨论、分析，找出不足与改进方案；最后针对员工迫切需要解决的问题由优秀站长答疑解惑。讲堂采取“四个结合”的方式，即：

1.“提问”与“回答”相结合——开讲前征集站长和员工的知识难点，在全公司范围内征集问题答案，由解答最全面、详细的站长走上讲堂，进行问题的剖析和解释，问题涉及如何开口营销、如何做好经营管理、如何做好安全生产工作以及家文化建设等一线员工迫切解决的问题。

2.“点将”与“请缨”相结合——既特邀经验丰富的优秀站长也鼓励新任但有一技之长的站长主动开讲，加油站员工既能聆听到优秀站长管理艺术的分享，又有新常态下做好油非互促的深入讲解。

3.“命题”与“选题”相结合——既由领导“钦点”授课主题，也广泛征求加油站员工的兴趣爱好，站长们通过结合工作中实际发生的案例，讲解如何做好现场顾客服务；借用漫画故事，用生动形象的方式表达枯燥无味的理论知识；引经据典，将经典的古训应用到当今加油站经营管理中，启人深思。

4.“交流”与“讲评”相结合——实现授课者与听课者的双向互动，现场解答员工提问。在“大讲堂”上，既有老站长的耳提面命，更能与前辈交流碰撞出思想创新的火花；既能在台下汲取成才的营养，又有机会走上讲堂阐述自己对提升加油站经营管理的见解。

此外，搭建了站长大讲堂常态化机制，将讲堂内容通过芜湖“石油知鸟”

学习移动客户端推送至每一位基层员工手机上，员工可以利用碎片化时间，点击手机屏幕，轻松获取讲堂知识技能。

三、主要成效

1.“新”—安徽芜湖石油搭建了员工成长锻炼展示沟通的平台，通过新颖别致的方式，增加企业凝聚力，增强营销管理基本功训练，促进站长综合素质再上新台阶；借助新型学习方式传播推广，让宝贵经验惠及每一位员工。

2.“赢”—深化分析围绕经营管理。根据当前经营形势变化，结合经营工作实际，帮助全体员工看清差距，集思广益，分析原因，找出症结，明确目标，精准施策。围绕客户需求，打造汽车生活驿站，提升服务品质和竞争力。立足赢得客户心，增强客户满意度。

四、思考评析

通过站长大讲堂，安徽芜湖石油凝心聚力，攻坚克难，找准经营困难，就生产经营中重点难点深入分析讨论，借助站长经验，总结油品、非油品销售经验，强化经营管理基本功训练，为突破经营困局打下坚实基础。

安徽芜湖石油站长大讲堂搭建了知识交流、经验分享沟通平台，紧密联系生产生活实际，既开拓了站长们的视野，也让员工认识到不足与差距。芜湖公司把准基本功训练的脉，有的放矢推广优秀经验，借鉴先进的经验做法助力工作开展，调动广大员工学习积极性。大讲堂激发了各位站长思考动脑的热情，积极争当“主讲人”，从而使自身的知识面、工作能力、技术水平、沟通和表达能力不断提升。

以师带徒，薪火相传

北京石油

摘　要：北京石油物流中心开展“师带徒”活动，在培养油库技能人才队伍方面发挥了重要作用，形成了常态化工作机制，促进公司基层基本功训练深入开展。

关键词：师带徒　常态化机制　三基

一、背景描述

为了加快青年职工成长，弥补人才缺口，物流中心从提升员工技能素质的角度出发，在全油库范围内开展了“借骨干之力，育业务新苗”师带徒劳动竞赛活动，以思想带动为统领，以传授技能为核心，以作风传承为纽带，开展基本功训练，培育基层技能人才队伍。

二、基本做法

1. 结合业务技能，规范激励考评。本着人员、岗位、专业全覆盖的原则，制定师带徒实施方案。结合工作实际，设立了综合管理、安全环保、计量(站控)、设备检修、管道保护 5 个专业线条，分别编制了学习资料、题库和试卷。制定师带徒劳动竞赛奖励办法，对获奖师徒组合给予表彰奖励，颁发证书和奖金等，同时师傅享受所带徒弟获奖的累计奖励。

2. 全员参与训练，精挑师严选徒。活动立足本职，比学习、练技能、争创新，从基础理论知识、基本操作技能入手，采取集中学习、指导讲解和个人自学相结合；14 座油库共计 608 人全部参加了初赛，实现了全员参与、全员练兵的目标。参加劳动竞赛的 608 名员工全部考试合格，其中 480 名员工取得 80 分以上的成绩，120 名员工更是取得了满分的优异成绩，最终通过初赛成绩和日常技能操作相结合的方式，选拔出师傅 50 人，徒弟 83 人。

3. 师徒携手共进，推动技能提升。规范师徒行为，为师傅颁发聘书，师徒代表签订“师带徒协议书”，明确规定师傅和徒弟的职责和义务，师傅要言传身教，争做名师；徒弟要虚心学习，勇当高徒。师徒共同提升技能，成为学有所长、业有所精的有用人才。

授艺解惑，助青工成才。活动以带思想、带技术、带作风、带品德为重点，在提升技能水平的基础上，传承老一辈石化人吃苦耐劳的奉献精神。通过沟通，师傅讲述自己的工作经历和感受，培养徒弟的积极性和意志力，进一步增强了青年员工的思想基础和对岗位工作的认同感；通过有针对性的开展技术指导，采取室内讲解流程、现场实际操作、演示等多种学习方式，有的放矢，循序渐进地提高徒弟的技能水平；通过以身作则，事事走在前，处处带头干，逐渐培养徒弟们吃苦耐劳、坚韧不拔的工作作风。

师徒并肩，携手前行。活动促进了徒弟学习技术，掌握技能的紧迫感，也激发了老师傅学新知识，掌握新技术的观念树立，在企业范围内营造了良好的学习氛围，塑造了团结互助，和谐共进的新型人际关系，形成了师徒互相促进，携手共进的良好局面，促进队伍整体技能素质的提升。

三、主要成效

“师带徒”活动的开展，培养青年员工的积极性和意志力，增强对岗位工作的认同感。进一步激发了物流中心员工学习业务技能的主动性，全面提升了员工队伍的业务水平，培育了一大批品德优良、技能精湛、锐意创新、成绩突出的师徒人才。

通过“师带徒”工作的开展，2016 年物流中心技能鉴定工作有了稳步提升。初级工通过率同比提升 20%，中级工通过率同比提升 20. 75%，高级工通过率同比提升 14. 83%，技师通过率同比提升 50. 4%，取得了较好效果。

四、思考评析

物流中心“师带徒”常态化长效机制，为每一名新入职员工和参加技能鉴定晋级的员工配备德才兼备的好师傅，发扬传、帮、带的优良传统，从生活到工作，从思想到技术，彰显榜样的力量，促进油库员工技术水平和技能水平提升，促进油库“三基”工作水平的整体提升。

第三单元

业务竞赛

赛训互促练硬功，磨剑练剑为亮剑

中原油田

摘　要：中原油田采油一厂发挥技能竞赛的激励作用，结合生产实际，围绕油田强化基本功训练的要求，以技能竞赛为抓手，大力开展岗位练兵、名师带徒、集训提升等基本功训练活动，有效解决了开发生产一线对人才的要求。

关键词：竞赛　基本功　训练

一、背景描述

近年来，采油一厂面临的生产经营形势更加严峻、复杂，老区效益开采需要人才，外闯市场更需要过硬的技能人才。但目前的采油一厂，人员结构老化严重，后备人才不足，生产成本居高不下，生产经营活动举步维艰，人才短缺更是当前痛中之急。为破解困局，采油一厂从强化人员基本功入手，根据生产实际需求，以强化技能竞赛为抓手，组织员工在"学中练，练中学"，锤炼技能，满足采油一厂生产经营对人才的需求。

二、基本做法

坚持"立足企业，服务行业，理论与实践并重，技术与道德同修"的理念，积极探索网络学习、岗位训练等多种基本功模式；摸索出“赛训结合、以赛促训”的基本功训练新模式。充分利用参赛员工的求胜心理来展开激发学习动机，强化基本功养成，在具体实施过程中，主要采用了以下做法：

1. 训前动员。每年技能竞赛活动开展时组织开展训前动员会，来激发员工的参赛热情；同时宣讲比赛相关的文件、政策，让员工更加深入了解参加技术比赛所应享受的优惠条件；使员工明确了想快速成长就必须夯实基本功，想赛中夺魁就必须有真本事的道理，从而积极参与训练，提升个人技能操作水平。

2. 训中对抗。在赛前集训过程中，我们将水平相近的选手进行分组对抗，利用对抗的过程使选手找出与别人的差距，达到快速提升目的；同时利用对抗来激发员工的求胜心、好胜心，达到提高集训效果的目的。

3. 训中互评。选手在进行操作项目过程中，都让一组选手观看，当他操作结束后，每人都对该员工的操作进行讲评，讲一下他操作的优点在那，缺点在那，哪里需要改正；达到一人操作众人提高的效果。

4. 心理帮扶介入。由心理咨询师为员工对参赛过程中产生的问题，提供专业指导、训练和咨询，旨在帮助解决员工的各种心理和行为问题，提高员工在竞赛中的竞技状态，从而满足员工的竞赛需要。

5. 典型选树。从当年技术比赛、往年技术比赛获奖者中选取优秀代表，进行演讲，激励广大员工树立重技能、学技能的学习热情；同时也为员工提供了岗位成才的典型事迹。

6. 交流提高。通过大赛获奖选手现身说法，聘请有关专家到现场指导，利用优秀选手的技术优势来进行经验交流会，通过大家研讨，实现技术、知识共享；使每名参赛选手达到提升自己目的。

三、主要成效

1. 多年来，采油一厂技能竞赛成绩都很突出。近5年来，采油一厂在集团公司业务竞赛中获得金牌6枚、银牌3枚、铜牌8枚，32人在油田技术比赛中取得名次，连续5年获得油田职业技能竞赛优胜单位第一名，同时也实现了员工技能素质跨越式提升。

2. 通过“赛训结合、以赛促训”提高了员工参加技能训练的积极性，年均训练员工2300余人次，员工的实际操作能力和应急处置能力显著提高。

3. 各专业比赛中涌现出的“明星选手”和“技能高手”，成为外闯市场的“抢手货”、“香饽饽”，经过几年的岗位历练有103人成长为单位的专业骨干和技术精英。

四、思考评析

该案例亮点在于找准问题，目标明确，方法多样，效果突出。他们在工作实践中总结出“赛训结合、以赛促训”的工作模式，既符合基本功训练的需求，又促进了职工参与、学习、训练的积极性，业务技能得到了整体提升。员工基本功训练只要企业重视、人人参与、制度健全、方法得当、措施落实到位、形成特色、坚持不懈，就一定能够取得成效，促使各类人才在“战寒冬、求生存、谋发展”攻坚战中“亮剑”突围。

分级技能竞赛变“精英赛”为“全运会”

胜利油田

摘　要：胜利油田滨南社区管理中心探索建立的分级技能竞赛模式，根据员工不同的年龄、资历、技能水平和文化水平，按甲、乙队分级竞赛，实现了从“精英赛”到“全运会”的转变，调动了广大员工“学技术、练本领、强素质”的积极性。

关键词：分级　竞赛　积极性

一、背景描述

滨南社区认真分析了以往技能竞赛暴露出的一些问题，深深感到了探索技能竞赛新模式的必要性。一是骨干员工竞争意识日趋减弱。以往参赛的都是各工种的技术骨干，造成获奖选手过于集中。据统计，个人获得 5 次以上名次的占获奖总人数的 51%，获得 3~4 次的达到了 79%，许多技术骨干成了常胜将军。技能竞赛成了少数优秀员工的事情，大多数员工望尘莫及。二是老员工逐渐成为技能竞赛的看客。“老员工”占的比例越来越高，平均年龄达到了 42 岁，物业系统和汽驾岗位的平均年龄达到了 44 岁。由于年龄偏大、文化偏低，对学习技能、参加比赛的积极性不高。但这些“老员工”见证了企业的成长，是社区发展的宝贵财富，不应当成为技能竞赛的看客，应当给他们搭建新的平台，发挥他们实践经验丰富的长处，做好队伍的传帮带，促进队伍整体素质的可持续成长。三是新员工参赛积极性受到挫伤。滨南社区现有劳务派遣工 151 人，占社区员工总数的 14.3%，占操作岗位员工总数的 31%，由于实践经验欠缺等原因，在竞赛中往往处于“劣势”，参赛积极性受到挫伤。随着时间的推移，这些员工会逐渐成为社区发展的生力军，对他们的技能训练培养已经成为新时期技能训练工作的一个新课题。

二、基本做法

滨南社区探索建立分级技能竞赛模式，提出“全员技能训练，全面参赛”的要求，根据员工不同的年龄、资历、技能水平和文化水平，设立甲、乙队分级竞赛，调动了广大员工“学技术、练本领、强素质”的积极性。

1. 从队伍实情出发，实施甲乙队分级竞赛。根据各工种在岗人数和岗位素质达标情况，在汽车驾驶员、绿化花卉工、幼儿教师、保育员和护士 5 个专业(工种)实施了甲乙队分级竞赛。其中甲级队以技师、班组长、技术骨干和往届获奖选手为主；乙级队以新员工和文化水平偏低、年龄偏大、转岗员工及往届未获奖选手为主。按甲、乙队分别竞赛，赛后按成绩分别排名，按排名升降级，今年在甲级队中的后两名选手，明年可申请参加乙级队竞赛；在乙级队中的前两名选手，明年将参加甲级队竞赛。

2. 从工作实际出发，科学设置竞赛项目。从社区工作的需求出发，把技能竞赛和实际工作结合起来，尽可能将竞赛成果运用到实际工作中去。根据各岗位的工作特点，设立了幼儿教师等 9 个主要竞赛工种，涵盖了社区主要业务范围。取消了电、气焊单独设项竞赛的老模式，设置了综合维修工技能操作团体竞赛；结合绿化工和管工在社区的工作特点，设置了制作铁耙子和 PPR 管线安装集体配合操作项目。这样做既能考核选手的电焊、气焊、管工操作的单项技能，又检验团队的协调配合能力，赛后还将制作的成品直接应用到实际工作中，不浪费材料，一举多得。绿化花卉工除设置个人项目外，还设置集体对抗赛，由竞赛项目组指定绿化区域，在4~8月份该区域由参赛组养护管理，最后由项目组根据设计理念、日常考核和绿化效果评选出精品绿地优胜组。另外，增设了叉车、清扫车厂(场)内驾驶员竞赛，设置垃圾清运操作项目，让工作环境差的垃圾清运工也有了技术用武之地。

3. 从缓解“工赛矛盾”出发，合理安排竞赛时间。为了使工作、竞赛两不误，我们有意拉长了竞赛时间跨度，自4月份启动到9月份结束，历时5个月。各竞赛项目组和承办单位灵活、合理地安排竞赛时间，较好地缓解了“工赛矛盾”。幼儿教师组和保育员组的实践操作竞赛在7~8月份幼儿入园率相对较低的暑期举办，既能保证幼儿园的正常工作，又能合理安排竞赛活动，使整个竞赛张弛有度；汽车驾驶员的实践操作竞赛安排在周末进行，既保证了日常生产车辆运行，又保证了选手的参赛率；综合维修工的实践操作竞赛安排在9月中旬完成，让竞赛制作的成品能立即应用到绿化带的杂物清理工作中；PPR管线安装项目体现了以居民的需求服务为导向的练兵目的；绿化团体项目从4月份立项，经过5个月的持续开展，绿化工充分发挥聪明才智，修剪出各具特色的“精品绿地”，既锻炼了参赛员工的操作技能，又成为日常管理服务的特色亮点。

三、主要成效

分级竞赛增强了各类员工参赛的积极性和广泛性。2015年共有174名选手参加了社区9个工种的技能竞赛，参赛人数同比增长45%。参赛选手涵盖了60后到90后，年龄最大的52岁，最小的23岁。获奖选手呈现“年轻化”的良好态势，竞赛中共涌现出44名社区专业技术和技能操作岗位能手，其中首次获奖的有 24 人，占 54%。为充分发挥激励作用，社区按甲、乙级队分别进行了奖励，不同层次的员工都体验到了成功的喜悦。

全员素质的提高促进了管理服务水平的提升。2015 年，滨南社区 6 项考核指标进入油田社区系统前三名，建设行业标杆观摩点 11 个。2016 年滨南社区精细管理，诚信服务，圆满完成各项任务指标，被评为国家绿化先进单位，选树“文明服务明星”和“优秀管理能手”120 人次；居民报修维修及时率、合格率均达到 100%，6 个小区实现治安零发案，优化了广大居民的生活环境质量。

四、思考评析

分级技能竞赛模式，既继承了传统技能竞赛的好做法，又创新了竞赛形式，丰富了竞赛内容，引导不同层面、不同技能水平的员工广泛参与，变“精英赛”为“全运会”，调动了广大员工“学技术、练本领、强素质”的积极性，有效促进了单位管理和服务水平的提升，是一个值得推广、借鉴的好模式。

借力技能竞赛，助推青工成长

金陵石化

摘　要：金陵石化炼油运行四部针对组织机构新、青年职工多、操作经验缺乏等特点，努力创造条件，为广大青年职工积极搭建技能竞赛舞台，引导和带动青年职工努力学习，发现不足，不断进取，长足进步，有效促进了青年职工的茁壮成长。

关键词：技能竞赛　青工成长

一、背景描述

伴随着金陵石化油品质量升级项目应运而生的炼油运行四部，在职工中立刻就会闪现出“年轻”二字，且充满朝气和活力。然而对于组建刚满五年、全新装置、人员平均年龄36.1岁(35岁以下占75%)的团队，新装置工艺操作需要摸索、设备运行需要磨合、人员更需融合凝心、青年职工的操作经验也更需积累，加之部分转岗职工的基础水平低下、思想认识不到位，造成误操作偶有发生，非计划停工没有杜绝。这是我们的问题和困境，也是我们立下背水一战的决心。

二、基本做法

1. 建立技能竞赛机制。2011 年 4 月伴随着Ⅳ常减压、Ⅲ催化、渣油加氢、Ⅳ硫黄装置的拔地而起，炼油运行四部在组织做好管线吹扫、单机试运、水联运、气密、冷热油运等各项开工工作的同时，针对年青职工多的特点，即提出了职工培训与生产任务同布置、同检查、同考核的“三同时”指导思想，坚持以“三先”精神为指引，超前谋划，成立了运行部培训领导小组，指定了班组兼职培训员，拟定了长期培训规划，制定了培训考核办法，开展职工技能竞赛即是其中一项重要内容。按照五年一循环、一年一主题的竞赛思路，力求通过竞赛以赛促学、以赛促练、以赛促改、以赛促提高，促进青工素质不断提升。

2. 扎实开展主题竞赛。2012 年组织开展了第一届职工查流程技能竞赛，对各装置规定 25 个主辅流程图，职工通过画、学、查、跑流程等形式，积极备赛，通过笔试、现场两轮考核，提高了职工对装置全流程的熟练掌握程度；2015 年组织开展第四届安全作业知识技能竞赛，结合九项安全直接作业管理规定，通过单选、多选、问答、案例题等形式，组织职工学、记、用规定，提高职工风险防控意识和安全作业技能；2016 年结合各装置开工第一周期检修，组织开展第五届开停工知识竞赛，围绕装置开停工方案，组织职工重温、回顾，现场查看吹扫流程走向和密闭排放点，通过笔试、仿真考核等形式，提高各班组对于开停工方案和关键流程要点的整体掌握程度，为各装置停得稳、吹得净、修得好、开得顺做好充分准备。

3. 及时进行竞赛激励。每一届技能竞赛，对优胜个人和横班班组，在年度职工代表大会上进行表彰，同时将竞赛成绩与个人或班组绩效考核、评优推先挂钩，同时，通过召开专题报告会、金陵石化“道德讲堂”、新入职职工经验传授等形式，积极加以推广，有效地促进了横班对竞赛的重视程度和个人参与竞赛的热情。

4. 跟踪建立技能竞赛档案。将每年一次的技能竞赛职工参与培训及竞赛成绩统计登记，进行问题分析，持续跟踪职工技能提升历程，对竞赛中发现的问题，及时对症解决，确保通过一次竞赛，解决一个问题，培养一批人才。

三、主要成效

1. 装置排名不断靠前，规模效益不断提升。2013 年在中石化同类装置达标竞赛中，催化装置综合排名第一，2013~2016 年常减压装置综合排名第一，2015 年 5 套生产装置实现规模效益 47.5 亿元，创开工以来历史新高，为金陵石化建设世界领先炼化企业做出了积极的贡献。

2. 职工队伍素质稳步提升，人才支撑力不断增强。五年来，炼油运行四部 240 名职工中，10 名青年职工走上了班长岗位，32 名青年职工走上内操岗位，独挡一面应对复杂操作情况能力增强；86 人获得高级工资格，7 人晋升为高级技师，3 人获得主任技师任职资格。在集团公司职业技能竞赛中多人次获得金银奖，产生了 2 名集团公司技术能手、1 名南京市技术能手、1 人荣获南京市劳动模范、1 人荣获南京市五一劳动奖章荣誉。在 2014 年金陵石化第五届职工技能竞赛中，四个参赛工种均取得了团体优异成绩。

四、思考评析

炼油运行四部根据队伍结构，按照五年一循环、一年一主题的思路，建立完善技能竞赛机制，扎实开展各类竞赛，与中心工作高度融合，达到了以赛促练、以赛学艺的目标，对推动企业生产平稳生产，不断提高经济效益有着重要作用。

注重抽考，质量监督与基本功训练有机结合

茂名石化

摘　要：抽考是茂名石化质检中心针对夜班检测项目、关键检测项目及新建或标准换版检测项目组织开展的随机抽样检查及现场考评活动，考评人员着重在现场监督检查整个抽样检测过程，通过抽考发现不符合标准执行的问题并提出整改措施，对整个过程进行闭环管理。

关键词：抽考　抽样检查　现场考评　监督整改　持续改进

一、背景描述

分析人员按分析方法(标准)规范操作是确保分析数据准确的基础，随着企业全流程操作工作的推进、方法(标准)换版及检测项目的增多，对技能操作人员的操作水平和解决问题的能力提出了更高要求。质检中心通过常态化的抽考活动，及时发现和纠正操作问题，减少人为误差。

二、基本做法

强化日常的质量监督作用，有针对性地了解操作人员对分析方法(标准)

的掌握情况，全员参加，以(抽)考促学，将持续改进贯穿于整个抽考过程中。

1. 周密编制计划。技术管理室根据全流程训练、夜班检测项目、关键检测项目、方法变更或标准换版等情况，由专人负责，每月25日前制定中心下月的样品抽考计划，并在中心网站“分析标准技术”专栏发布。抽考计划包括抽考项目、抽考日期、被抽考单位和抽考人员，被抽考人由抽考人员临时指定，抽考频率为每个检验区每周一次。

2. 精心组织实施。抽考考评人员依据抽考计划，现场考查员工的检测能力、方法(标准)执行情况与设备运行情况等，同时根据抽样考评表的要求对被抽考人员进行提问及综合考评。抽考考评人员每周五前填写本周的样品抽考结果汇总表，与抽样考评表一起上报技术管理室。如果抽考项目属于国家实验认可项目，还需要填写相应的质量监督记录。技术管理室汇总整理样品抽考结果汇总表及抽样考评表，考评结果在中心调度会进行点评，同时在质检中心网站发布。

3. 紧抓持续改进。对于样品抽查/抽考过程中提出不符合方法(标准)执行的问题，在每周的生产调度会进行通报的同时，要求各检验区举一反三，责任部门及时查找原因并进行整改，必要时由技术管理室指导检验区组织采取预防纠正措施，对不符合情况的有针对性地开展基本功训练，将持续改进贯穿于整个抽考过程。问题的整改期限为一个月。相关责任部门按时向技术管理室反馈整改情况，技术管理室及时组织验证整改效果。

4. 坚持奖惩结合。质检中心对检验区内部样品抽查/抽考工作的评价，经技术管理室确认，对优秀抽考项目申报嘉奖。中心依据技术管理室提报的相关资料，每月根据检验区的被抽考人员的操作规范性、现场问答情况进行评比，评出前5名授予当月抽考之星称号，并进行奖励。对查找出不符合标准执行的责任部门进行通报考核。

三、主要成效

常态化的抽考活动，全员参加，分析项目覆盖面广，有利于将质量事故消灭在萌芽状态。有利于中心有针对性开展基本功训练，提高技能操作人员的操作水平，一举两得。同时，通过建立激励机制，提高了职工参与抽考的积极性，形成了良好的以“考”促学的良好氛围。提高职工自身的综合素质与竞争能力，满足企业不断变革带来的岗位要求。

四、思考评析

通过抽考，全员参与，全方位进行质量管理和监控，及时发现并解决分析过程中不符合方法（标准）执行的问题，以“考”促学，提高了练兵针对性，提高了技能操作人员的整体操作水平和分析结果的准确率。

预案演练竞赛，构筑安全大堤

广西石油

摘　要： 为贯彻“安全第一，预防为主，全员动手，综合治理”的 HSE 方针，坚持“预防为主，以人为本”的原则，切实提高员工事故防范能力，加强员工的三基知识，提高突发事件的应急救援反应速度和协调水平，广西来宾石油对加油站应急预案进行了修订，并组织开展演练竞赛。

关键词： 应急预案　演练　竞赛

一、背景描述

为切实提高员工事故防范能力，以及突发事件的应急救援反应速度和协调水平，结合加油站站点分布情况、营销环境、季节性灾害特点、员工应急处理能力等因素，来宾石油对加油站应急预案进行了修订，同时为检验员工对修订后的预案学习掌握情况，举办了预案演练竞赛。

二、基本做法

1. 修改预案下发学习。在结合来宾石油加油站管理现状的基础上，零售管理部联合安全数质量科，组织安全管理专员及资深站长集中修订来宾石油加油站应急预案，经研讨审核，将修订后的预案下发，要求各县公司安全管理专员组织站长集中学习，并由站长在站内开展演练。

2. 成立工作小组。由安全数质量科牵头，零售管理部、政工办协助，共同组成预案演练竞赛工作小组，发布竞赛流程。

3. 具体做法。竞赛以各县公司(片区)作为参赛队伍，各自选拔选手参赛。竞赛由笔试和实操两部分组成，其中笔试成绩占比30%，实操成绩占比70%。笔试出题范围参照HSE基础知识；实际操作为预案演练，由各县公司(片区)经理、安数专员、站长、员工依据不同预案扮演各自角色，针对设定场景和发生的事件进行处置操作演示。实操演练分为两轮进行，第一轮由各县公司(片区)按照抽签顺序对自选预案进行演练，第二轮则将考评组事先准备好的预案进行随机抽签演练。每个预案演练要求站长担任组织者，负责演练的总体组织协调，县公司(片区)经理在演练完成后要对演练过程进行点评，点评情况也计入比赛流程，参与考评。每轮每个应急预案演练满分为100分，参赛队伍最终成绩为两轮应急处置方案得分的平均分进行排名确定最终名次。

三、主要成效

1. 通过竞赛前的学习，引起员工对应急预案的重视，从而加强加油站员工日常演练，确保各种应急资源处于良好的备战状态而且可以指导应急行动按计划有序进行，防止因行动组织不力或现场救援工作的混乱而延误事故应急，从而降低人员伤亡和财产损失。

2. 通过演练检验公司制定的应急救援预案的可行性，也对预案进行查漏补缺进而完善，发现员工操作中的不足之处并加以修正，对每一位参与员工的技术和能力都有很大提高。

四、思考评析

通过演练检验了应急预案的实用性和可操作性，检验了员工的学习效果，以及在灾害发生过程中是否明确自己的职责和应急行动程序，以及应急队伍的协同反应水平和实践能力，增强了员工的忧患意识，提高员工避免事故、防止事故、抵抗事故的能力，提高防范的警惕性。

第四单元

仿真训练

真火实景仿真训练，精练灭火实战技能

中原油田

摘　要：为适应新时期消防安全工作的需要，消防支队技能训练学校依托危险化学品综合实训基地为平台，通过真实再现火灾现场，采取技能训练、业务研讨、实战演练、比武竞技、技能考核的综合真火训练，有效的提升了处置石油化工及危险化学品火灾事故的基本功和执行能力。

关键词：消防　真火　实训　运用

一、背景描述

近年来，随着我国经济发展和石油石化行业战略调整，天津港爆炸等各类化工火灾事故频发，对现有消防人员战术素养和业务技能提出了更高的要求。加强消防人员战术基本功和抢险救灾技能，是企业减灾防灾的基础，也是刻不容缓的重要工作。消防支队技能训练学校以运用火灾事故现场全景重现技术，以及火灾事故过程分析等环节的规范操作教学，提高了消防人员的战术素养和业务技能，增强了扑救化工火灾的实效。

二、基本做法

1. 以“学”练内功，从专业理论入手。根据不同参训人群，在内容设置和专家教师阵容方面做了精心的安排，优化设计课程，针对性强，课堂讲授形式丰富多样，内容深入浅出。不仅专业理论深厚，更注重实际运用。在学员充分了解理论基础的条件下，利用学校现有的高端实践教学设施，使学员们能在真火模拟事故环境中，正确处置各类生活工作中遇到的突发火灾事故，从而提高学员们认知火灾，科学应对火灾的意识和能力。

2. 以“练”强技能，从实战处置练手。技能训练中采用操作要点学习和现场实际模拟相结合的实训方式，每个组通过抽签的方式产生指挥员、班长、消防员，然后指挥员再通过抽签的方式从六个科目中随机抽出所要处置的火灾处置科目，每组参训人员着装对所抽选火灾科目进行扑救。目前已经开设各级消防指挥员、灭火救援员、气防员等专职消防人员及企事业单位消防安全管理人员和易燃易爆岗位员工的基本功训练和实战演练科目。

3. 以“考”严标准，从程序细节拿手。考核采取全员普考、个别科目抽考的形式，考核组通过现场提问、实地考核、随机抽查等方式进行，考核内容分体能考核、操法测试、业务知识提问、器材装备“五知一能”抽考、灭火救援业务管理系统应用等。在真火实操训练中，我们将重点放在了石油化工火灾处置科目上，从学员中抽选实战经验丰富的作为考评员，对整个演练过程进行考评。考评员对灭火演练战斗进行打分，讲评。在6个科目演练过程中，从消防车辆的布置到战术战法的运用，完全由学员独立完成。

4. 以“研”获经验，从总结分析得手。实训中为每组设置一个实训处置科目，由学员讨论制定灭火处置预案，并通过大屏进行展示，学员们在制定和展示过程中进行了热烈的讨论，充分吸取了各组的优点，摒弃了常见的错误，优化了火灾事故处置的思路。结束后，组织参训人员和战训专家，齐聚一堂阐述发言。通过观看回放录像、座谈研讨、解惑答疑、专家论证等方式结合处置环节进行量化总结。为以后化工火灾灭火处置积累了丰富宝贵的实战经验。

三、主要成效

2015 年学校成立以来，共承办国家级、省市级以及大型国企单位等技能训练班 100 余次，训练消防人员 6000 多人。经过真火模拟训练后，学员的理论和技能显著提高，熟练掌握了各类火灾处置方法。例如：我校学员经过真火实战性训练后，成功处置江苏泰州德桥化工仓储有限公司爆炸火灾。

四、思考评析

该案例突出“实战”，运用石油化工火灾处置训练新模式，改变了学习训练形式化、知识技能陈旧化现象，推进了由操场训练向现场训练、由常规训练向实战训练的转变，增加了技能训练的科技含量和实训效果。

“三化”推动仿真模拟训练，全面提升职工操作技能

茂名石化

摘　要：车间根据实际操作情况和职工学习训练特点，设计实效的练兵操作模块，使苯乙烯装置仿真模拟训练更具实效性，技能操作人员操作水平得到提升。本文选取化工分部苯乙烯车间为例介绍其仿真模拟训练的具体做法。

关键词：仿真模拟训练　全流程操作　操作演练

一、背景描述

化工分部苯乙烯装置连续稳定运行最长 1074 天，在同类装置排名前列。装置平稳运行，操作人员实战练兵机会减少，因而“如何提高平稳运行状态下操作人员的应急能力”显得尤为重要。另外，公司岗位合并人员优化工作，也需要技能操作人员掌握更多岗位的操作技能，以实现“全流程操作”目标。

二、基本做法

1. 仿真站进中控，实现仿真训练“常态化”

“常练习”是仿真训练的要点。为方便操作人员在上班空闲时间进行学

习，车间在中控室安装两台仿真机，仿真训练由“课时化”变成“常态化”。

车间充分利用仿真系统进行DCS主操相关知识的训练，模拟真实操作，让操作人员在仿真系统操作阀门、调整参数，改变了以前死记硬背的学习方式。车间还及时将日常生产中发生的异常运行故障，应用在仿真系统进行预演，提升学习的针对性、及时性，增强了职工事故处理能力，2015年以来，职工平均仿真上机学习时长超过了17小时/月。

2. 模拟异常工况，实现仿真训练“专题化”

事故处理提前见。近年来，苯乙烯装置效益较好，为了做大产品总量，装置提高到117%负荷下运行。超负荷运行对职工岗位技能及应急操作水平提出了更高要求。为此，车间充分利用仿真系统的练兵优势，模拟超负荷工况下人为将某个指标提高，在系统超标联锁后，测试操作人员恢复系统正常操作的所用时间和对事故处理的熟悉程度，锻炼操作人员恢复正常生产的能力。装置联锁条件最多的烷基化/烷基转移单元，以前每年都会出现2~3次联锁波动，强化职工仿真应急演练后从未出现过联锁停车事故。

生产优化效益见。针对乙苯脱氢催化剂已经进入超期运行阶段，车间制订了优化调整方案。技术攻关组首先在仿真机上进行优化试验，不断优化操作。截至当年检修前，本期乙苯脱氢催化剂比上一周期催化剂多产苯乙烯13701.37吨、乙苯3170.45吨，多创效益5134.09万元。

节能降耗看得见。车间利用仿真操作系统对装置各精馏塔回流、烷基化苯/烯比等操作进行优化，寻找最佳操作控制点，节约了高压蒸汽消耗，实现装置降本增效新突破。

3. 激励约束到位，实现仿真训练“全员化”

车间每月举办一期仿真集中训练，每季度举办一次仿真竞赛，要求全体操作人员参加，竞赛结果纳入车间月度经济责任制考核范畴，实施双重评比奖励，个人成绩前五名奖励 300 元/人，不合格的扣 100 元/人，同时以班组为单位，成绩排名，对前三名进行加分。

另外，车间还规定了上机练习的最低次数及合格分数，培训管理员每周检查。

三、主要成效

经过全员全岗仿真模拟训练，车间全流程操作上岗考试通过率达 97%（仅一人未通过），并都取得了内、外操“全流程操作”岗位操作证，近年来，车间未发生操作原因造成的非计划停车，装置能耗、物耗在集团公司同类装置竞赛中保持领先水平。

四、思考评析

利用仿真培训系统这一平台，全力推进“互联网+练兵”。在装置平稳运行状况下进行职工模拟生产实况的仿真模型训练和操作演练，系统地提升了职工的全流程操作水平。

旧物利用建基地，“四懂三会”比技能

江苏石油

摘　要：江苏石油钟楼油库坚持把基本功训练融入日常、抓在经常，严格按照岗位操作规程，要求油库员工对于设备做到“四懂三会”(懂性能、懂结构、懂原理、懂用途；会操作、会维护、会排除故障)，切实提高了员工的岗位操作能力。

关键词：设备　四懂三会　基本功　训练

一、背景描述

在安全生产形势日益严峻的背景下，江苏石油今年开展了安全“三标”工作，在岗位技能训练上，如何让员工真正做到设备的“四懂三会”成了摆在钟楼油库面前的一道难题，主任室通过集思广益，组织了多次讨论会，最后形成了设立设备“四懂三会”实操基本功训练基地的意见，而后设立了油库实操基本功训练基地。

二、基本做法

1. 基地搭建：充分利用油库现有资源，将油库闲置的库房改造成训练基地，收集整理油库废旧设施设备，按序摆布，绘制每个主要设备的结构图和基本操作规程，配套检维修工具。

2. 仿真训练：通过建立健全设备、单元、装置等仿真体系，模拟设备、技术单元或装置的运行和操作，对实际生产中遇到的操作技术难题、安全操作等进行模拟处理，增强员工的实战技能和解决实际问题能力。

3. 日常应用。积极运用基地开展日常训练和技能比武，推进实操训练制度化、常态化。油库新员工经过设备"四懂三会"理论学习、实际考核，成绩合格上岗，在岗员工定期开展设备"四懂三会"岗位练兵，严格技能考核，力争全库职工掌握油库常用设备的"四懂三会"。

三、主要成效

设立设备"四懂三会"实操基本功训练基地之后，油库在设备的管理上取得了较大的进步。一是员工动手的热情高涨。原来螺丝松动、接地线脱落等小问题都要依靠机修人员进行维护，现在基本由各岗位自己动手维护；二是员工的技能得到了长足的进步。原更换阀门机械密封等问题因为人手紧缺由厂家进行更换，现在油库自己动手更换；三是比学赶帮超的氛围浓厚。班组之间比，班次之间比，员工之间比，比谁的设备维护得好，油库定期组织检查评比。

四、思考评析

江苏石油钟楼油库积极创造条件，注重利用废旧设备、装置设立设备"四懂三会"实操基本功训练基地，对员工开展标准化操作训练，强化员工动手能力很有帮助。

优化新模式，锤炼基本功

销售华南

摘　要： 销售华南分公司针对中控调度员时间分散难以集中学习的工作特点，将基本功训练融入到日常工作中，通过完善训练机制、构建技术平台、丰富训练形式、优化学习内容等手段，充分利用交接班前后、中夜班轮换等碎片化时间，打破以往训练思维，施行“以教促学”和“提问题”的训练方式，改变了形式枯燥、内容呆板的基本功训练模式，有效提高调度员学习兴趣，提升基本功训练质量。

关键词： 中控调度员　基本功训练　自主学习

一、背景描述

随着管道长度不断增长、输量逐年提升，销售华南分公司对中控调度员操作水平提出了更高的要求，尤其是2016年以来，落差大、压力高、工况苛刻的贵渝、百昆管道投产，西南管道达到输量瓶颈，新调度员多，操作难度和压力更加突出。为进一步夯实基本功，提升调度员技能水平，调控中心结合工作特性，通过科学、有效的训练形式开展基本功训练，取得了显著效果。

二、基本做法

销售华南分公司调控中心根据调度员工作特点，打破以往训练思维，通过完善训练机制、构建技术平台、丰富训练形式、优化学习内容等手段开展各项形式新颖、内容丰富的练兵活动，让调度员主动学、乐于学成为一种风气。

1. 完善训练机制。阶段上岗机制提高训练效果。调控中心为提高新调度员学习效率，从理论知识、专业知识、操作技能、应急能力等方面完善调度员岗前技能实训，推行分阶段上岗，系统跟踪其知识掌握情况及操作能力水平，每月进行考评，考评合格才能进行下一阶段学习，加快调度员上岗进度的同时牢固掌握基础知识。

现场交流机制强化技能训练。调控中心通过挂职锻炼、定点承包、现场交流等方式组织调度员到输油站锤炼操作技能，利用调度员轮休时间共组织70多人次到现场参与百昆和贵渝管道投产、西南管线清管工作、南沙和高明等站场改造项目，在跟班交流中加强实务技能训练，进一步提升了调度员的现场经验、综合管理及协调能力。

2. 拓宽训练平台。微课制作，以教促学。为调动调度员工学习积极性，改变员工基本功不扎实的坏毛病，调控中心组织开展“人人都当小教员”活动，要求全体调度进行微课件制作，在制作过程中完成自我学习，完善自身基础知识。全体调度员共制作28个微课件，涉及工艺操作、混油接收、机械设备、应急处置等多个方面。将老调度的经验知识转化成宝贵的教学财富，并上传到公司内网开通的学习专栏中，为新调度搭建了随时观看学习的平台。

微信讨论，以问促学。为保证基本功训练可以随时随地进行，调控中心创建了部门微信群，方便当班调度员在操作中出现的难点操作和重点参数进行提问，其他调度员在休息期间也可以进行解答、学习和讨论，这种请教多于提问的方式转变了学习情绪，学习平台也变成了展示的舞台，形成了“人后学习，人前卖弄”的良好氛围。

3. 丰富训练形式。模拟仿真优化操作技能。调控中心利用仿真模拟软件建立新管道水力模型，每个班组在交接班前 30 分钟到公司进行模拟操作，调度员像“打游戏”一样针对不同输量、压力进行启停输和应急操作，可以更加直观的感受到压力波传播过程，为实际操作提供依据；新调度通过仿真软件可以“肆无忌惮”的进行操作并由老调度进行理论讲解，使新调度在理论和实践相结合的环境中学习，加快了新调度成才速度，加深了新调度理论认知，而老调度通过模拟优化配泵方案，提炼出更快、更好、更优的操作方法。通过这种趣味性的学习方式，大大提升了调度员的学习兴趣和主动性。

应急演练扎实操作技能。调控中心结合工艺运行操作，编制线路截断阀室意外关闭、输油站内泄漏、中控室遭受恐怖袭击等 10 类应急处置卡，编制了 62 个管段泄漏的应急操作步骤。通过桌面推演、情景模拟、联合演练等形式强力推进工艺应急处置演练常态化，每月组织各班组进行桌面推演，每季度联合输油站进行情景模拟，每半年组织一次全公司范围的“双盲”联合演练，大大提升了员工应急处置、应急救援能力和自救互救技能。

4. 优化训练内容。开门揖师，求知促学。为确保基本功训练有的放矢，调控中心以问题为导向，打破以往授课老师按课本宣讲的固定学习内容，组织调度员对设备、仪表、通信、自控等与生产相关的专业问题进行汇总，并邀请公司各专业精英对调度进行授课，课后根据学习内容进行考试，没得到满分要再次学习直至全部掌握为止，这种以员工为主导的学习方式从被动学习变成了主动要学，极大提高了学习主动性。

每日一题，以练促学。调控中心在训练内容中注重生产实际，要求调度员针对日常工作中遇到的疑难操作、典型操作和重点控制参数进行岗位练兵，每个调度班组当班期间都向下一调度班组出一道题目，由下一班组进行解答，而出题班组需要对答题班组的答案进行点评。每个月底对本月所有题目和答案进行统计，对出题和答题质量高的班组进行奖励，对出题和答题质量低的班组进行考核，并从中抽选经典题目制成练兵卡供新进员工学习，这种闭环训练有效提升了调度员的理论知识水平。

三、主要成效

1. 学习兴趣高。基本功训练活动多以新颖、平民化的形式开展，增强了学习的趣味性，更能提高调度员学习的主动性和积极性。

2. 学习成效好。学习内容丰富，更贴近生产和自身需求，提高了学习的实用性，使基本功训练取得应有的效果。

3. 学习覆盖广。基本功训练多以班组、个人为单位开展，将学习融入到工作、生活、娱乐当中，让员工可以随时随地进行学习。

四、思考评析

中控调度员基本功训练紧密结合当前生产实际，有效解决了调度员学习时间散、难集中的问题，有机的将基本功训练穿插到工作、生活、娱乐当中，利用多种手段开展形式新颖，内容丰富的练兵活动，有效提升员工参与度，提高员工基本素质和操作技能，形成了争先恐后的学习氛围。

第五单元

在线学习

灵活利用微信平台，轻松开展“四小”练兵

胜利油田

摘　要：建立了微信公众号，依托微信平台开展“操作小口诀”百问不倒、“比武小擂台”一战到底、“视频小课堂”随教随学、“流动小考场”晾晒曝光为主要内容的“四小”练兵。通过智能手机移动学习，让全体员工能够边干边学、边学边练，有效促进了整体素质的提升。

关键词：微信　练兵　移动学习　快乐学习　素质提升

一、背景描述

随着油田开发持续深入，特别是油公司体制机制改革到位后，队伍规模和组织机构得到进一步精简，对员工队伍综合素质提出了新的、更高的要求。这就需要我们扎实开展基本功训练，不断提升员工素质，充分发挥现有员工的作用。然而，工学矛盾突出、工作区域分散、学习积极性不高等问题成为制约队伍素质提升的突出问题。在这种形势下，怎样通过员工喜闻乐见的形式开展基本功训练，让员工喜欢学、主动学，而且做到训练生产两不误，这成为摆在我们面前的重要课题。

二、基本做法

胜利油田纯梁采油厂梁南采油管理区建立了微信公众号，依托微信平台，开展了“四小”网络练兵活动，让员工随时随地的用手机终端进行学习。

1.“操作小口诀”百问不倒。管理区把量油、取样等员工日常操作内容，归纳提炼成 4 大类 60 余条浅显易懂、通俗易记的操作小口诀，上传到微信平台“实用口诀”栏目中。在微信平台开通了“技能充电站”，每天由管理员推送一条技能口诀问答，员工回复正确可以抽奖，每天设立奖项 5 个，奖励食堂餐券一份；把当前流行的发红包方式与技能训练结合起来，开展了“每日一题口令红包”特色训练，员工用点击口令抢红包的方式进行学习，在寓教于乐中熟记岗位操作要领。通过喜闻乐见的形式，努力达到“百问不倒”的训练目标。

2.“比武小擂台”一战到底。管理区在微信平台上设立“比武小擂台”，开通了“一战到底”答题竞赛活动，通过擂台赛的形式，引导员工学技术、练本领。每天从各工种试题库中，随机抽选 10 道题，员工进行答题，积分排名，评出月冠军、季冠军和年度总冠军，分别奖励 100 元、200 元、500 元。年度总冠军授予管理区学习标兵的荣誉称号，并优先参加各级技能竞赛和先进职工、技术能手的评选。

3.“视频小课堂”随教随学。为提高随教随练效果，管理区本着“简单、实用、规范、有效”的原则，把注水闸门保养、油井取样、测电流等现场常用的、易出现错误的操作步骤，录制成标准化操作小视频，经专业部门审核后，发布到微信平台“标准视频”栏目中。每名员工可以利用工作间隙，对照实物，随时观看，边看边学，把每一次现场操作都当作标准化训练，有效提升了标准化操作水平。

4.“流动小考场”晾晒曝光。管理区要求干部在组织重点工作时，利用手机录制员工的实操情况，监督纠错，将工作现场变为流动小考场。对流动小考场中发现的具有代表性、重复性问题在微信平台上曝光，通过“晾晒”，让大家吸取教训，引以为戒，杜绝类似问题的再次发生。

三、主要成效

1.“新”为先，缓解了工学矛盾。充分利用网络技术和智能手机，让员工随时随地在线学习，员工不必脱产，在工作之余就可全员参与练兵活动，大大缓解了基层生产单位的工学矛盾。

2.“引”促学，提高了学习兴趣。依托微信平台，寓教于乐，开展内容新颖、形式灵活的练兵活动，增加基本功训练的趣味性，引导员工自主学习，快乐学习。

3.“赛”带练，扩大了练兵的覆盖面。将竞赛机制引入网络练兵，员工不必集中，可以随时随地参与竞赛，赛练结合，以赛带练，促进员工提升基本功。

四、思考评析

本案例找准了基层生产单位开展基本功训练的难点，将网络技能训练与本单位的生产特点有机结合，依托微信平台开展“四小”练兵，实现了“移动学习”，抓住了基本功训练的“牛鼻子”，有效解决了工学矛盾。这种训练形式充分利用智能终端和新兴通讯服务平台，有的放矢开展在线学习，内容新颖、形式灵活，增强了员工兴趣度和参与面，员工在相互竞赛、你追我赶的良好氛围中，实现了“快乐学习”。

压力容器作业人员安全训练在线学习系统开发与应用

中原油田

摘　要：为有效利用取证技能训练强化基本功训练，中原油田培训中心开发了压力容器作业人员自主学习平台，通过在线发布学习内容、在线组织知识学习、考试、试题练习等，实现学员的远程学习与安全操作，方便学员对相关知识与技能的学习与训练，实现了考前集训效果的突破，取证、复审一次合格率大大提升。

关键词：压力容器　在线学习　作业人员

一、背景描述

中原油田涉及的压力容器单位主要在采油厂、油气储运管理中心、天然气处理厂、天然气产销厂、石油化工总厂以及各钻井公司等单位。在用的压力容器类型多，从事压力容器作业的人员多，现在油田外闯市场队伍不断壮大，转岗人员多，拟从事压力容器作业人员增多。压力容器的作业人员必须经考核合格后，由政府相关部门颁发《中华人民共和国特种设备作业人员证》后方可上岗。对压力容器作业人员的考核由原来的纸质试卷改为上机测试，题目总量增大，试卷随机生成，考试难度增大。

二、基本做法

经过几次现场调研，提出对了原有课程内容优化，学习方式创新、测试题库完善，自主开发在线学习平台的措施并认真进行落实。

1. 以《压力容器安全管理人员和操作人员考核大纲》的知识点为基础，结合工作现场对操作压力容器的要求，首先对原有压力容器课程内容进行梳理，重新分配课程内容比例，强化实际操作要求。

2. 结合河南省特种设备作业人员考核系统内容，对原有自建题库进行认真审核，修改补充完善题库，现在已经建成题库有多项选择 100 道，单项选择 486 道，判断 330 道，共计 916 道。

3. 在优化内容，建设题库的基础上，自主开发了压力容器作业人员自主学习平台。学员可以在自主学习平台随时进行复习与测试。利用该平台复习时，该系统可以记录练习结果，学员可以在全部练习结束后，针对以往错题进行反复练习，便于对该知识点的强化记忆。

三、主要成效

在自主学习平台建设之后，随即在有关技能训练项目中做了尝试应用，目前已经在十三期压力容器考前集训班(共 1178 人次)中应用，取得了良好效果：

1. 学员自主学习的主动性高了。以往学员学习是纯理论性的，被动的，现在学员在理论学习同时，运用学习平台进行练习，对不能理解消化的知识可以和授课教师进行交流，学习更积极，更主动了。

2. 自主学习平台解决了学习时间地点受限的问题。学员可以在技能训练中心、工作单位以及家里，随时进行学习，学习更便利。这也使得我们的取证、复审一次合格率大大提升。

3. 学员在学习平台上练习情况的统计，为后续训练提供数据支持。平台自动记录练习情况，对错题进行统计，这些会反馈给授课教师，在下一期技能训练过程中，将这些技能点进行训练，以此提升集训质量和针对性。

四、思考评析

自主学习平台的开发与应用，完善了压力容器操作人员的学习手段，同时提高了学员自主学习的兴趣，减轻了教师的工作强度。当然，因平台功能、课件资源等方面的限制，学习平台还只能停留在自主练习的层面上，还没有完全实现学员的自主学习。

可视化培训在基本功训练中的应用

燕山石化

摘　要：针对原有培训模式形式单一、呆板，学习气氛不活跃，员工参与意愿不强等问题，燕山石化炼油二厂不断创新培训思路和方法，在三催化装置率先推行了可视化培训管理制度。

关键词：可视化培训　系统化操作　一岗多能　基本功训练

一、背景描述

燕山石化炼油二厂，由生产技术部、运行保障部、HSE 工作部、党群工作部(综合管理部)4 个部室以及 3 个作业区组成。现有职工 664 人，管理和专业技术人员 107 人，操作技能服务人员 557 人。现有生产装置 18 套，涵盖了炼油一、二、三次加工装置，具备炼油系统完整的工艺路线和流程，工艺复杂，技术先进。其中催化裂化、加氢裂化、催化重整、航煤加氢等为关键生产及盈利装置，生产包括汽、煤、柴、液化气等石油化工产品及乙烯、丙烯、石油苯等化工原料。

二、基本做法

为防止出现设备操作不规范、不常用设备操作方法流失以及事故处理方法无统一标准等，炼油二厂三催化装置以 PPT 的形式制作了可视化培训资料。目前，针对装置日常维护运行操作、通用知识、易发和突发事故处理、安全典型事故等内容，已制作可视化培训资料 38 份。以机泵盘车篇为例，从机泵盘车目的、注意事项、操作步骤和特殊机泵盘车 4 个方面阐述汇总，以图片和特殊字体等形式将重点突出。然后，将可视化培训资料在厂主页中展出，以纠错奖励的形式组织职工进行培训学习，每纠错一次奖励 50 元，共纠错 15 处。

在可视化培训管理中，主要通过四种组织方式对员工进行培训。

一是通过“我们的频道”在操作室滚动播放。

二是将电子版培训资料在全体员工中共享。

三是每季度组织员工根据可视化培训资料，进行一次安全事故演练培训。

四是将可视化培训管理与系统化操作学习管理相结合，推动换岗学习。首先，将内操按班长培养，外操按内操培养，以达到“一人多岗”和“精一会二照顾三”的目标。同时，取消内外操岗位限制，班长依据员工要求和能力分配任务，根据多劳多得的原则进行奖金分配，克服了依据内外操岗位分配奖金的缺陷。

可视化培训原则上每半年在本班组组织一轮培训，学习时间由装置主管人员依据岗位的复杂程度确定。装置每月制定操作学习培训计划并进行考核，达到培训目标的员工月奖金系数上调 0.2，并将推行系统化操作学习作为各岗位绩效考评的内容之一。不参加系统化操作学习的职工，月奖金系数下浮 0.2，并且不作为外派学习和各类先进的候选人。另外，公司聘任的副主任技师、主任技师和首席技师应主动指导不少于一名参与培训人员，学习成绩作为年度绩效承诺考评的组成部分。

三、主要成效

炼油二厂自 2015 年 10 月开始实行可视化培训以来，装置中营造了浓厚的学习气氛，促进了“一岗多能”人才的培养。目前，三催化已有 8 位操作人员具备了全流程系统化操作能力，一大批内外操人员具备了主操的能力。班长在分配工作任务和处理突发问题时有人可用、有人可备，使装置能够安全平稳运行。职工通过可视化培训学习，逐步夯实基础，操作水平实现由量变到质变的提升。

四、思考评析

可视化培训管理，通过可视化培训资料使师傅的技术和经验得以传承，而且将技术和经验经过系统化的整理转化为标准操作技术指导文件，为装置长期平稳运行和班组建设打下了坚实的基础。同时弥补了目前培训体系短板，解决了操作技能人员的工训矛盾，提高了职工学习积极性和主观能动性，为强化基本功训练提供支撑。

打造微信培训平台，提升员工整体技能

石油机械公司

摘　要：石油机械公司螺旋钢管分厂依托已有的三个技师工作室，以技术过硬、专长突出的技师、高级技师为骨干力量，创建了“焊接技术攻关”、“钳工技术攻关”2个微信群，让员工通过手机移动终端进行交流互动，取得很好的效果。

关键词：微信群　移动学习　素质提升

一、背景描述

石油机械公司沙市钢管厂螺旋钢管分厂老员工占比较大，尤其技师队伍年龄偏大，中青年员工技能亟待提高，技术力量出现断层。近年来制管工艺标准、用户需求不断提升，对岗位员工的技能要求越来越高。同时生产任务繁重，工学矛盾突出。螺旋钢管分厂依托已有的三个技师工作室，积极打造技师技术攻关微信平台，创新培训交流形式，为员工的成长铺就一条快车道。

二、基本做法

1. 员工技能“零散培训”。螺旋钢管分厂组织专业技术人员和技师核心团队，根据职业资格技能鉴定理论和实际考试要求，结合生产实际情况，制作不同工种的理论试题“猜猜看”、实际操作“对不对”的微课件，不定期的发送到微信群里。员工答题正确后，由群主发“红包”奖励；对于答错的，群主发送“大拇指”表情进行奖励，发“小小红包”鼓励奖；对于出现争执的问题，群主及时邀请专业技术人员或者技师上线统一解答。通过微课件抢答和发红包奖励的方式，将岗位理论知识和实际操作知识融于手机娱乐中，达到了“零散培训”的目的。

2. 技术攻关“头脑风暴”。螺旋钢管分厂将承接的厂级技术攻关项目发布到微信群里“招兵买马”，组建攻关团队。团队成立后，队长将技术攻关项目的内容、难点、问题和要求等制作成微课件告知群里员工，并将实施计划和步骤也做进一步说明，同时开展“红包建议奖”活动，鼓励大家对技术攻关提出自己的意见和建议，集思广益，做出最好的实施方案。项目的进展情况，攻关团队也在群里及时发布。遇到“瓶颈”问题时，队长会将问题在群里发布，征集解决方案。项目结束后，队长对提出建议最好、发言积极的员工，发放“最佳建议”和“最积极员工”红包给予奖励。

3. 解决问题“现场直播”。群里的员工在生产和岗位实际操作中遇到了问题，在工闲期第一时间通过文字、图片等方式发布到群里，群里的专业团队快速开展讨论和分析，并给出最佳解决方案。问题解决后，核心团队成员将问题解决办法提炼成标准操作规范，进行线上和线下的基本功训练培训。

核心团队还定期开展“每周一课”活动，将自己总结的常见故障现象及解决方法，利用业余时间编写成浅显易懂的讲义，及时在微信群发布，引导员工讨论交流。

三、主要成效

微信群建立 2 年以来，共做了 24 场 8 个技术攻关项目的线上培训，解决生产疑难问题65项，在员工中营造出崇尚学习、持续学习的氛围，提高了员工的岗位胜任能力。

四、思考评析

建立技师技术攻关微信群，依托微信平台开展员工技能“零散培训”、技术攻关“头脑风暴”、解决问题“现场直播”。通过微信平台员工的在线实时交流，解决生产中遇到的问题，进行技能培训、技术攻关，使员工作能力不断提高。

依托远程培训平台，开发定制式在线英语训练

炼化工程公司

摘　要：SEI紧紧围绕建设世界一流工程公司的发展目标，为员工开发特色定制式培训项目，依托远程平台举办SEI国际工程项目实务英语训练。通过大量调研访谈工作，量身定制培训课程内容。采用在线学习与面授课程相结合的训练方式，通过电脑PC端和手机、Ipad等移动端进行学习。在不耽误公司生产任务的同时，利用零散时间，提升英语水平，满足岗位能力的需求。

关键词：定制式　远程在线　商务英语

一、背景描述

按照强化提升“三基”工作要求，倡导以公司需要和员工需求为切入点，充分利用在线教育的新载体，加强基本功训练工作。随着公司国际化步伐的加快，国际项目日益增多，部分员工的英语水平成为制约公司与国际化接轨、进一步发展的瓶颈之一。主要存在着部分工程技术人员在商务英语写作能力上与外方要求有一定差距，在语言表达的方式方法上与外方习惯有所不同的情况，不能满足公司对国际项目人员的岗位能力要求。

为了使国际项目人员在工作中尽快适应国际环境，适应岗位需求，公司邀请石化管理干部学院联合开发适应国际工程项目英语训练项目。依托中国石化远程培训平台，定制 SEI 专属英语课程，力求在听、说、写等方面快速提高我公司员工的英语水平，使员工在国际项目中及时适应外方的语言、文字的习惯，以期实现高质量、高水平、高效率的完成国际工程项目的目标。

二、基本做法

1. 量身定制式课程。公司人力资源部首先广泛征集各相关部门关于开展远程系统在线英语培训的意见和建议，确定培训需求，制定了结合 SEI 实际需要的国际工程项目实务英语培训方案。在设置课程内容过程中，积极开展了细致的调研访谈工作，共访谈项目组人员 18 人，并出具了调研报告。最后选取马来西亚 PAPID 项目人员中具备英语学习积极性的骨干人员 35 名参加国际工程项目实务英语训练。

2. 精心组织实施。训练项目共设置在线课程和移动课程各 41 个，聘请高水平的系统内和系统外的外国专家为学员讲授写作课和口语课面授课程 20 次。结合分组演练模式，聘请管院精英老师组成助教团队结合在线课程，线下面对面指导到每一位学员。此外，训练项目还成立微信英语交流群，及时发布课程信息，为学员和老师及学员和学员之间互动交流提供平台。训练项目考虑到学员实际需求，设立班级邮箱，学员可将实际工作中遇到的棘手英语书面问题发到邮箱，向老师寻求咨询和建议，班级邮箱收到学员近百余封邮件。在课程结束后，总结整理出《国际工程项目实务英语写作用语和模板手册》，方便学员培训后工作需要时参考使用。

3. 全程把控质量。为了确保训练质量，达到预期训练目标，人力资源部联合管院通过期中考试、结业考试和学员访谈、课程评估等方式跟踪、检验、监督四个月的训练效果。

三、主要成效

依托中国石化集团远程培训系统平台，采用在线学习与面授课程相结合的方式，解决了工学矛盾，提高了公司人员在国际项目中与业主和外方沟通中的听力和口语交流能力，着重实现了学员商务英语写作语言表达的准确性和规范性。并总结形成适用于公司国际项目所需要的商务英语通用范本，供参训学员以及从事国际项目的其他人员在工作中进行查阅和参考。

四、思考评析

在训练项目中将目标与企业对人才的需求相结合，特别是与企业在现阶段的发展战略目标紧密地联系在一起，实施切实有效、适应岗位能力需求的基本功训练课程，除了知识的传授，还需重视兴趣的培养，组织相关专题的英语沙龙，使培训效果得以延伸，从而帮助员工们提升个人业务和管理能力，最终实现提高企业的生产力和竞争力，达到企业和个人共同发展的目标。

网络平台让学习更能“施展拳脚”

西南石油局

摘　要：西南石油局油气销售中心利用外部网络搭建信息平台，实现中心输气站场和管理机构同步互动视频交流。在对生产现场开展技术指导的同时，将员工技能训练项目网络视频化，在大幅降低学习成本的同时，全面拓宽员工参培范围，有效增强学习实效，取得较好效果。

关键词：信息平台　视频　学习成本　训练实效

一、背景描述

油气销售中心成立于2012年4月，由三家单位整合重组而成，承担着31座天然气站场输配气和1120公里输气管线巡查管理的任务。生产现场覆盖川西和川东北地区，输配气站场多数建在城乡结合区域，中心员工整体年龄结构较大(平均年龄42.7岁)，技能操作员工文化程度相对较低。在员工教育工作中具有以下特点：

1. 技能操作人员137人分布在31座站场、相对分散，员工集中学习参与难度大。

2. 内部网络覆盖建设难度大，无法实现技能操作员工实时登陆中石化远程技能训练教育系统参与学习。

3. 中心技能操作主工种(输气工)为连续倒班制，员工倒班休息时不能长时间离开工作岗位，工学矛盾突出。

4. 技能操作人员接受教育程度和自制力影响，自学效果不佳。

二、基本做法

该单位以“优化现有资源，调整学习方式”为工作思路，利用外部网络、依托“263 企业会议”运营商，搭建网络信息平台，将业务学习搬上平台、送到员工身边。

1.“深挖潜小投入”。利用现有资源设施、少量投入完善信息平台所需硬件设施。由于生产需要，中心多数站场配备有办公电脑进行生产数据处理，为实现网络平台信息共享学习，对未配置办公电脑的站场增配电脑，进行外部网络连接建设，对所有站场配置语音交流设备和相关视频设备，确保硬件设施满足要求，实现中心 31 个输气站点电脑及网络全覆盖。

2.“借东风齐划桨”。与“263 企业会议”运营商对接，申请相关权限和账号管理，组织全体人员学习信息平台的使用方法，同时针对设备安装、使用操作进行现场调试和讲解，保证硬件设施正常运行的同时，提高员工平台登录能力。

3.“提能力改方式”。在单位高级技术管理人员和高级技能操作人员中培养和发掘兼职授课教师，通过“增强教学热情、提升教学能力”的“两步走”不断优化师资力量，提高教学效果。“增强教学热情”即：对完成授课任务并得到认可的教师发放授课费等方式，鼓励其积极参与员工能力提升工作；“提高教学能力”即：制定技能训练课件 PPT 模板、开展兼职教师互动交流、有针对性的选派人员参加教师能力技能训练，全方位提高兼职教师工作能力。同时，根据授课内容是否涉密等多种因素进行分析，将部分学习安排到平台进行远程视频授课，实现学习训练方式的转变。

4.“严纪律重监控”。在授课前通过在线视频检查参学人员到位情况，授课过程中教师通过对学员进行提问、互动等方式检查学习效果，学习结束后以上传学习记录和相关照片对员工学习质量进行督查，部分项目采取考学分离进行学习效果考核。

三、主要成效

小投入大回报，有效降低员工技能学习成本。将技能操作项目录制成视频课程，利用信息平台开展远程视频学习，员工无需脱产离开生产区域，在有效缓解工学矛盾的同时，减少了因集中学习而产生的交通、食宿等费用。

小课堂大覆盖，提高学习效率。平台远程视频学习参加人员数量不受限制，每个登陆站点就是一个学习小课堂，员工就近参加学习，授课教师无需多次授课即可大幅增加学员数量，大大拓展了技能训练的规模与能力。

小平台大能力，让技能训练作用发挥更充分。远程平台的建立，推动了技能训练的个性化、实时化、实战化和实用化，生产一线作业人员在工作中遇到疑难问题需要处理时，中心专家和技能人才可通过远程视频及时“问诊把脉”，实时了解现场问题、跟踪处理过程并及时指导，技能训练的作用可以直达绩效。

四、思考评析

西南油气分公司油气销售中心利用外部网络搭建信息平台，实现中心输气站场和管理机构同步互动视频交流，是我们基本功训练工作中的创新，引领了优化基本功训练方式方法的方向，也取得了相应的成效，如果我们每家企业也都从这些方面多创新、多实践，相信我们的基本功训练效果很快就会攀升到一个个新的高度。

“张贵东工作法”的创建与传承

江苏石油

摘　要：江苏石油矿山路加油站加油工张贵东，年销售燃油宝13052瓶，远超一般大型加油站的年销量，为销售系统燃油宝销售“第一人”，被誉为“宝王”。通过对张贵东的成功案例进行总结和提炼，形成了“张贵东工作法”，制作成在线课程在公司范围内进行推广，取得了很大的成功，引起了我们对基层先进典型经验总结上升为工作法进而推广传承的思考。

关键词：张贵东　燃油宝　工作法

一、背景描述

为总结推广基层的先进典型经验，提高员工销售技能，建立经验传承机制。通过全面总结“张贵东工作法”，提炼出工作法的精粹：言，情，信，专。即和“言”阅客，真“情”好客，诚“信”惠客，技“专”服客。把个人的岗位实践，提炼成个人的工作方法，进而变成管理工作方法。

二、基本做法

通过调研和总结，形成了“张贵东工作法”：言，情，信，专。即和“言”

阅客，真“情”好客，诚“信”惠客，技“专”服客。

1. 和“言”阅客。通过观察车型，车况，车饰及驾乘人员的仪表、谈吐选定目标客户，促成交易完成。通过观察顾客情绪，了解顾客需求。有的顾客感兴趣，就多向他介绍，建议“按疗程”购买3~5瓶燃油宝。有的顾客犹豫不定，就推荐先试用1瓶，再次加油时询问客户使用效果，进行二次有效推销。有的顾客稍显不耐，便停止推销，送给客户燃油宝宣传资料，并加快加油速度，既避免顾客反感，又给客户留下今后试用燃油宝的余地。

2. 真“情”好客。就是要换位思考，站在客户角度推介商品，让客户感知我们是在帮他选购商品。通过热忱服务、温馨服务，与客户互动，搭建起“我爱我车”的好客氛围。通过贴心的语言，贴心的语气，诚恳的话术，和客户真诚的沟通。

3. 诚“信”惠客。就是要专注客户消费心理变化，诚信沟通，价值引领，用事实引导客户认同燃油宝物美价廉，物超所值。通过发动机的声音异常和排放出的尾气异味来向客户解说燃油积碳对车辆的损害，在诚信沟通中，引导客户形成“爱车要懂车，护车要实惠”的理念。

4. 技“专”服客。就是要熟知车辆构造、车况维保，专注商品知识、数据收集，精通营销知识、实战技巧。通过优质服务赢得顾客信服，不断归纳总结，并结合各类媒体宣传造势，提升燃油宝销售成功率。

三、主要成效

通过实施“张贵东工作法”，公司燃油宝销售业绩大幅提高，2015年销售燃油宝1.53亿元，有了重点商品销售的强力支撑，带动了非油品经营质量大幅提升，进而也增加了一线员工的收入。公司将燃油宝销售状元张贵东的工作方法进行提炼总结，形成销售要点和攻略，并由张贵东同志本人出演制作完成微课件《张贵东燃油宝销售工作法》，通过远程培训、微信等网络平台组织、推广，一线员工反复开展学习，取得良好成效。

四、思考评析

将“张贵东工作法”广泛推广，以此建立张贵东工作法传承机制，采用师傅带徒弟、创建营销团队等办法宣传推广该工作法。员工之间及时分享销售心得，总结销售经验，形成全员营销的氛围，有利于提升加油站一线操作工营销技能，长期来看有效促进非油品营业额增长。

第六单元

应急演练

压缩天然气运输突发事件应急演练培训

江苏油田

摘　要：江苏油田运输处成品油运输分公司应急演练中坚持做到“五化”(应急演练经常化、应急预防卡片化、应急演练现场化、演练选题即时化、应急演练全员化)，切实提高了员工处置初期危化品突发事件的能力，提高了对事故的警惕性。

关键词：应急演练　初期处置　实战

一、背景描述

“11·22”黄岛爆炸重大事故及近几年危化品运输事故的频发，使我们意识到应急处置的重要性，安全、准确、高效的现场处置是应急成败的关键。强化“三基”工作的目的，旨在“夯实基础、规范操作”，基本功训练是其中的一环，以提高岗位操作技能水平和防范与处理事故能力为重点。运输处成品油运输分公司从2011年从事压缩天然气运输，随着这几年的发展，压缩天然气运输车达到39台，服务对象为中国石化销售有限公司江苏分公司，运行地点涵盖扬州、南京、江阴、泰州、徐州各地。人员用工性质多样，技能水平参差不齐，长期在外值班，无法及时参加单位定期组织的相关集中学习，因此，现场开展的应急演练就成为强化员工素质，保障运输安全的重要环节。

二、基本做法

1. 强化风险意识，应急演练经常化。单位对自身作业存在的危险源以及可能造成的危害，开展讨论、辨识，对潜在的重大危险、事故类型、发生的可能性及发生过程、事故后果以及严重程度充分分析、论证，制定有针对性的应急预案，强化“平时多流汗、战时少流血”的危机意识，推动应急演练经常化。加强对员工安全生产和应急知识的学习与训练，观看危化品突发事件案例视频，使其通过现场感悟了解作业场所危险源分布情况和可能造成伤亡的危险因素，提高自救互救能力。

2. 灵活技能训练方式，应急预防卡片化。将各类应急处置程序提炼、简化，编制各类岗位的应急处置卡，作业人员随身携带。管理人员在现场，采取“你问我答”的方式，测试员工对应急处置措施的了解程度，应急知识学在现场，练在当下。

3. 结合自身特点，应急演练现场化。通过桌面演练，口头“走一遍”应急响应的场景，以应急预案和标准行动程序为基础讨论应急行动；通过现场演练，提高员工快速反应、沉着应对的能力。

“演”：一是要“演”救援经过；二是要“演”现场氛围；三是要“演”器材使用；四是要“演”职责分工。“练”：一是要“练”安全警觉；二是要“练”反应能力；三是要“练”现场指挥；四是要“练”应急预案实施。

强化企地应急联动。每年与地方消防部门、关系单位开展各类联合演习，增强企业和地方相关部门、关系单位的协同作战能力。

4. 演练随时随地，演练选题即时化。针对员工长期在外值班运行的特点，开展单车、单兵化演练。公司领导到值班现场，事先不通知，以一台车为载体，驾押人员为主体，随机设定演练科目，不设剧本，突出“即兴”，立足“实战”。

5. 发动人人参与，应急演练全员化。公司为确保应急演练人人参与，改掉过去一有演练，就找“熟手”的做法，不固定演练人员，演练过程中随时换人调岗，强调新员工、“生手”多锻炼，确保人人参与，全员有责。

三、主要成效

2015 年至今共开展公司级别的综合应急演练 9 次、以单车为单位的现场应急演练 12 次、联合应急演练 6 次，开展各类应急专业技能训练 11 次。做到“突发事件，突然演练”，有多少人在岗就组织多大规模的演练，有多大能力就实施多大能力的救援。将演练的重点放在突发事件的初期处置，将提高员工处置能力及驾驶员与押运员的协同反应水平放在首位。

四、思考评析

应急演练切忌追求形式而忽略实战，而应“接地气”，不能“演练”成“表演”。演练要少些“坐而论道”，多些“身体力行”；少些“照本宣科”，多些“即兴发挥”；少些“墨守成规”，多些“与时俱进”。演练只有立足“实战”，才能提升处置应对突发应急事故的能力。

安全生产事故应急救援桌面推演

燕山石化

摘　要：燕山石化组织高级管理人员进行安全生产事故应急处置桌面推演，通过演练，明确各单位应急职责，清楚救援程序，锻炼公司各级应急救援队伍处置生产安全事故的指挥协调、应急决策、会商研判的能力，提高应急处置的水平。

关键词：安全　事故　应急　演练

一、背景描述

为深刻吸取天津滨海新区“8・12”特别重大火灾爆炸事故教训，模拟燕山石化公司储运厂油品车间G109A储罐发生石脑油大量泄漏并引发着火事故，开展了针对性应急演练。

二、基本做法

首先进行情景构建，本次模拟燕山石化公司储运厂石脑油储罐发生泄漏着火事故，事故情景根据现场情况设定，融合了国内外同类事故案例，同时也兼顾参演人员的参与性；其次是任务设定，根据燕化公司应急预案设定一个现场指挥部和五个应急救援工作组，每个工作组分别由相关部门和部分生产单位组成，在应急救援演练过程中担任角色扮演，按照燕化公司规定履行相应的应急救援职责。实施桌面推演按照“情景-响应-评价”进行推演，由专家组对每个阶段各组的响应情况进行总结评价。小组设定和组成见下表：

小组名称	小组成员单位	演练主要任务
指挥部	公司领导	履行指挥部的应急职责，思考、会商主持人提出的问题，并现场回答。
专家评价组	国内和行业应急救援专家	针对各阶段演练组回答的问题进行点评，演练结束后讲评。
综合协调与公用工程组	生产管理部、机关党委、能源管理与环境保护部、热电厂、水气中心	履行部门应急职责，思考、会商主持人提出的问题，并选派代表现场回答。
生产协调与处置组	化工事业部、炼油一厂、化工一厂、化工二厂、化工六厂、化工八厂、储运厂	
应急救援与抢险组	炼油事业部、机械动力部、工程管理部、消防支队、运保中心、质检中心	
后勤与医疗保障组	行政管理部(保卫武装部)、公司工会、后勤服务管理中心、物资装备中心、营销中心、车务中心、炼油二厂	
舆情与公共关系组	党委宣传部、办公室、信息部、炼油三厂、橡胶厂、化工三厂	

三、主要成效

提高参训人员对应急救援的认识，掌握应急救援预案，实用性强。

评估参训人员的综合能力，发现应急救援过程中的缺陷与不足，检验预案的可执行性，查找其相关的问题，澄清角色，明确职责。

评估应急救援预案或程序的可行性和有效性，检验应急救援组织之间的接口是否有效衔接，信息渠道是否顺畅，提高参训人员的信息处理能力和沟通协调能力，检验参训人员对应急响应职责和程序的熟练程度。

四、思考评析

通过情景构建、任务设定、角色扮演、“情景-响应”推演，提升参演人员在压力环境下的分析研判、决策会商、协调联动、指挥调度和舆情沟通方面的能力。

提升强对流天气应急能力，降低单点系泊作业风险

茂名石化

摘　要：茂名石化港口分部海上作业队通过加强作业人员的基本功训练，有力保障了海上设备安全、作业安全和人身安全，使全员应急能力显著提高。

关键词：强对流天气应急　单点系泊　风险

一、背景描述

茂名石化港口分部海上作业队负责管理国内第一套30万吨级单点系泊原油接卸系统，该装置每年为茂名石化公司输送的原油超过1100万吨，约占茂名石化原油炼制量的70%，成为了茂名石化重要的原油咽喉要道。每年的二、三季度单点海域易发强对流天气，在单点作业时会危害设备安全。在超强阵风下，极易造成油轮撞击单点浮筒造成重大设备损坏和重大海洋污染事故。

二、基本做法

1. 构建体系完善应急预案。海上作业队制定的强对流应急预案把卸油人员、引航部门、拖轮、油轮、岸上罐区、港口调度等各方人员的职责清晰列

出，全面布局。将强对流应急步骤清晰拆解，形成了标准化作业指导，使实际操作时值班人员能够在极短时间内按步骤应急。该车间还把油轮主机使用要求写进《船岸协议书》，要求油轮靠泊期间能 24 小时保证主机随时可用。在强对流天气高发的二、三季度，每次接卸油轮都提前与船方沟通好应急预案，提前告知可能发生的紧急状况，从源头保障了油轮方的配合。

2. 打好基础加强理论培训。开展理论培训巩固应对强对流天气的理论知识。在岗位题库中将强对流应急的题目定位为“重点掌握”的级别。对于新上岗的人员，要求必须完整熟练回答出强对流应急的步骤。定期培训海洋气象知识、强对流知识、应急预案等，开展“极端异常天气安全作业”知识竞赛，确保海上作业全员熟悉强对流应急相关事项。

3. 锻炼本领加强专项演练。在强对流高发期的卸油期间穿插演练，在卸油前提出演练要求，在卸油期间不论早晚，不打招呼，随时可能通知人员进行应急演练。应急演练时通知油轮方备主机，系泊长、船长、引航员上驾驶台指挥，拖轮后拖，守护船舶到油轮旁边待命，全体班员整装待命，实现各方联动。

4. 未雨绸缪做好天气预判。卸油期间每天滚动收集 72 小时气象预报，订阅国家海洋局南海气象预报短信，保证天气信息来源。油轮船头悬挂方向旗，油轮甲板值班人员加强值班巡检，随时注意观察天气变化，并将本班内气象信息记录进交接班内容中，及时向监控室汇报天气异常变化情况。监控人员与岸罐方和岸上调度密切联系，海上作业现场、岸罐、港口调度“三方联动”加强天气信息交流，做到岸上天气有变化，海上队伍有准备。

5. 举一反三总结应急经验。每次作业都记录好作业期间的天气海况信息，将历年天气记录整理成为作业经验资料。每次应急结束后在车间微信群通报应急情况，对做的好的和不足的都进行分析说明，接受大家的评判，并在车间“点赞台”和“曝光台”上进行公示。

三、主要成效

近年来每年作业期间都超过10次突发强对流天气，没有发生过一次油轮与单点碰撞事故。2016年5月中旬发生的一次超强对流天气，最大瞬时风速达到了32米/秒，是单点投产以来罕见的最强阵风。在应对过程中，作业人员快速反应，及时组织实施应急预案，在监控室和甲板值班人员均为经验较少的新手的情况下，成功预判了强对流天气，积极应急。

四、思考评析

海上作业队通过制度建设、培训落地、模拟演练等环节保障了基本功训练实效，同时加强了船、岸、政府、企业各部门的联动配合，培养了合作默契。通过开展常态化的基本功训练，形成长效机制，增加职工强对流应急的熟练度，在海上卸油作业过程中多次成功应对突发的强对流天气，确保了茂名石化原油输送咽喉单点系泊的安全运行。

“每日一练”显身手

天津石化

摘　要：天津石化热电部锅炉车间开展“每日一练”活动，运行班组在每天接班前进行一次岗位练兵，由反事故演练单一内容扩展到涉及安全生产、经济运行等岗位练兵的各个方面，通过岗位练兵，使职工队伍的整体业务素质得到有效提高。

关键词：每日一练　培训　演练

一、背景描述

热电部锅炉三期装置于2009年投产，人员配置多数是新分配的大学生和原聚酯转岗人员，岗前培训多以理论学习和系统学习为主，实际操作及事故应急处理经验欠缺。为保证锅炉装置运行的安全和对外供汽供电的平稳，锅炉专业运行乙班推出“每日一练”活动，旨在提升职工应急处理险兆事故能力，提高职工安全操作的自信心。后经车间推广至安全生产、经济运行等岗位练兵的各个方面，成为锅炉车间基本功训练的重要内容。

二、基本做法

1. 每日一练练什么—全方位练习。锅炉车间将“每日一练”活动的主要内容在规程应急事故处理、生产运行中经常发生的异常和障碍、提升机炉经济效益的优秀操作法及发生过的险兆事故等基础之上，扩展至安全生产、经济运行等岗位，增加了近年来完成的检修改造内容和环保操作指导等内容，建立“每日一练”题库，定期更新，做到内容全方位，无死角。车间培训员本着“缺什么，补什么”的原则下达每月培训重点，再由班组培训员详细制定每天培训计划。

2. 每日一练都谁练—大范围练习。在每日一练活动中，从班长、司炉、副司炉、司磨到辅助岗位，所有职工全部参与，扮演不同的角色，有主持人、主演人，也有配合人，多数情况下主演人都由主要岗位职工来扮演，辅助岗位来配合。为了让大家充分感觉到辅助岗位的重要性，定期要进行角色互换，由辅助岗位职工来当主演人，演练由辅助岗位引发的事故及其处理。达到了在讲课与学习中相互促进，持续提升班组学习的目的。

3. 每日一练练多久—长时间练习。“每日一练”利用的是班前会的时间，每班至少 5 分钟，通过充分利用零散时间达到了积少成多的效果。仅锅炉乙班自 2010 年以来，就累计进行“每日一练”1500 多次，演练各类事故达 80 多种，几年来，班组操作票合格率达到 100%，实现 5000 多项操作无差错，处理重大隐患 6 起，班组的供电标煤耗、锅炉效率等指标在集团公司名列前茅。

4. 每日一练怎么练—深层次练习。车间将班组每日一练题目进行收集汇总和对比分析，根据生产情况指导班组培训方向和培训重点。除每日一练以外，班组每月开展一次集中讲课，将生产中的重点、难点问题进行重点剖析讲解。车间每月组织检查评比，将“每日一练”活动开展情况作为班组绩效考核的重要内容和优秀班组的评选条件之一。

三、主要成效

锅炉车间在“每日一练”活动的坚持中收到了明显成效，扩大了职工的知识“储量”，积累了操作经验。几年来，锅炉车间安全生产平稳，未发生安全责任事故。2013 年中国石化集团公司锅炉运行值班员业务竞赛中，锅炉车间职工取得两枚金牌和团体第一的成绩。

四、思考评析

“每日一练”重在精准，对象和内容都要科学安排；“每日一练”难在坚持，形成制度，养成习惯，久久围攻方显成效；“每日一练”贵在思考总结，推陈出新，练出真功夫。

消防演习助力员工危患意识提升

广西油田

摘　要： 广西石油羊角山油库通过编写应急预案、实战化应急演练、仿真训练，不断提升员工的基本素质、操作技能，增强员工的责任意识、执行能力，确保油库安全、平稳、高效运行。

关键词： 安全　消防　演习

一、背景描述

羊角山油库是桂林经济区油品供应的重要枢纽，油库周边有居民集中生活，一旦发生火灾爆炸事故，后果不堪设想，不仅会造成企业较大的经济损失，还严重影响到该地区的成品油正常供给，对桂林市的经济发展造成不利影响。一方面，油库储存的介质属于易燃易爆危化品，使得油库不得不处于火灾爆炸高风险状态。另一方面，油库属于半封闭式经营，外来入库提油人员素质参差不齐，且油库员工随着劳动强度的增大，可能会出现思想松懈、麻痹大意，而忽略了一些坏习惯老毛病的存在，有可能会导致火灾事故的发生，因此如何防范火灾尤为重要。

二、基本做法

1. 结合油库各关键要害部位的实际情况，分析可能发生的火灾情况和原因，按照一点一策的要求，编写应对各类火灾事故的应急预案，明确了灭火救灾的具体步骤及每一步骤对应的处置内容以及执行人，羊角山油库针对各作业点制定了48项火灾应急预案，全面覆盖了油库的火灾风险点，确保了消防演练有章可循。

2. 预案编制完毕，油库分班组分批次组织开展对应急预案的学习，具体讲解各个火灾风险点应急预案的操作要点，将演练过程流程化，并组织开展桌面演练，让员工熟悉演练流程和内容，明白在演练过程中本岗位的职责，确保员工实际演练时临战不乱。

3. 开展仿真训练。油库定期组织员工开展各类消防演练，针对各个火灾风险点，特别是油罐、发油台、卸油栈桥、配电房等火灾危险性较大的部位轮番进行消防演习，由值班主任指挥，当班员工全部参与。为应对可能发生的重大火情灾害，油库还主动联系当地消防、安监部门建立联动机制，增强油库与外部力量共同作战的契合度，进一步增强员工消防实战能力，提高油库整体实战水平。

4. 总结改进。每次仿真训练完毕，由指挥员对演练过程进行点评，总结演练过程中好的表现，指出演练过程的不足，并通过实战演练检验预案的操作可行性，针对演练过程中暴露出的预案内容的缺陷，提出改进措施，修订完善预案内容，通过下一轮的演习再改进、再完善，如此反复，不断提高预案的科学性、有效性和可操作性。

三、主要成效

油库应急消防工作取得了进步，应急预案逐渐趋于完善，员工危患意识得到了提升，近年来未发生一起火灾事故，并多次成功协助多部门参与的政企联合消防演习，得到了地方政府有关部门的肯定。

四、思考评析

成功的消防演习是油库应对火灾险情的重要经验，也是油库消防安全管理的一项必不可少的工作，可以进一步防范油库火灾事故，避免人员伤亡和重大财产损失。抓好消防演练，提高油库战斗力，对保障油库安全平稳运行，保障员工人身安全，保障企业财产安全有着重大意义和作用。

构筑防跑冒油应急机制，推动安全管理水平

山西石油

摘　要：跑冒油事件是油库应急管理工作所针对的一个重要对象，杜绝各类油品跑冒事件是油库安全工作的主要目标。山西石油朔州油库坚持从风险辨识、安全监控、保障投入、完善预案、强化演练等方面入手，不断加强基本功训练，着力打造防范在先、预警到位、控制有效、应急得当的防油品跑冒工作机制。

关键词：风险管理　现场监控　投入保障　预案应用

一、背景描述

油库作为大批量成品油频繁周转的重要场所，储输油设施设备处于高负荷运转中，防止油品跑冒滴漏是油库一项日常性基础工作，也是基本功训练的重要内容。山西石油朔州油库结合自身实际，着重把“防跑冒油”作为应急管理的一个重点，按照“以人为本，人物并重”的思路积极开展应急基本功训练，在应急风险管理、现场安全监控、器材投入保障和应急能力提升等方面取得了明显成效。

二、基本做法

山西石油朔州油库以安全风险管理、安全设施运行管理、应急器材投入保障、完善和检验应急预案等为切入点，多方面多渠道落实各项防跑冒油工作措施。

1. 安全风险管理放在心上。该油库通过全员安全例会、班组安全活动和岗位安全互动等形式，把典型事故案例学习、作业和设备危害识别、“七想七不干”提示和HSE观察等作为风险教育手段，引导大家认知油库跑冒油各种风险，提高预知、预判、预防的能力，进一步强化风险管理意识。平时以深入开展安全检查和隐患排查为抓手，以消除“跑冒滴漏”为目标，组织开展月检、周查、日巡工作，每月建立和梳理问题清单，在油库月度安全例会对各类问题认真研究分析，制定工作措施，明确工作任务，落实人员责任，积极稳妥地推进整改。

2. 安全设施监控抓在手上。油库对所有在用安全设施实施常态化检查维护，确保正常有效运行。对库内各个作业区油气检测装置坚持按日巡查、按季自检、按年标定；对电视监控系统所有探头和线路结合各季节变化定期不定期开展防尘、防水和防老化为主的检查保养，确保系统“全覆盖、全天候”运转；对油罐区紧急切断阀装置落实专人负责制，班组每周进行现场手工和远程控制开关双确认；利用电子巡检系统，落实值班人员对16个重点部位的分时段点巡点查责任。油库建立中控室，将油气检测、视频监控、电动阀控制以及油罐超高(低)液位联锁报警等安全设施终端信号，全部整合集中到控制室，实现了24小时有人管控。

3. 应急器材保障投在点上。油库根据跑冒油事故应急需要，及时更新和储备了各类应急器材：一是通讯器材到位，根据平时工作需要把防爆对讲机分发至值班领导、中控室、消防值班室和作业班组中，以便安全开展工作信息通报；二是照明器材到位，为各作业班组和应急小组配置了防爆照明手电；三是防护器材到位，针对跑冒油现场环境情况，储备了必需的防毒面具、防静电防滑耐油长靴等；四是收油器材到位，购置了大功率移动式收油泵、耐油胶管、收油桶、铜盘等；五是消防器材到位，专门购置了多台移动式消防炮(有水喷雾功能)，作为稀释现场油气和灭火抢险之用；六是检测器材到位，配备了便携式油气测试仪和多功能水质(含油污水)检测仪。此外，还储备了围油栏、吸油毡、堵漏及其他易耗器材，并对应急器材室所有器材建立编号，专人负责、分类保管，确保随时处于良好状态。

4. 确保应急预案用在场上。油库紧密结合工作实际对现有应急预案修订简化，所有岗位均建立了《应急处置卡》，形成了以油品作业区为重点、重点部位为对象的跑冒油应急处置方案共 12 个，基本做到了每区有方案、每处有防范、每点有措施。在年度应急演练计划中重点把油品跑冒事故应急作为常练内容，定期不定期组织推演。每个油品跑冒应急处置方案从初期处置到预案启动各个过程步骤简单，操作明了，更加便于员工熟练掌握。在具体模拟情景演练时，始终以贴近实战为主，注重把握好三方面工作：

一是信息指令及时到位。《应急处置卡》中明确了岗位人员信息报告内容，一旦发生跑冒油事件，现场人员、指挥人员等在应急处置时的信息传递都有清楚的指向，尽可能防止第一反应迟缓，延误抢救时机。

二是应急小组分工明确。油库消防战斗、工艺处置、后勤保障、外围警戒、医疗救护、通讯联络等应急小组成员明确各自应急功能职责，各小组都按照“什么事、做什么、谁来做、怎么做”的要求有序行动，避免了忙中出乱或一哄而上。

三是应急操作程序衔接。针对大量跑冒油后可能引发的潜在危害，演练设定了报警接警、启动预案、现场疏散、消防警戒、油气稀释、管线抢修、油品回收、油污处理、现场清理等程序，每个程序都有具体要求和实际操作过程，确保达到“演练就是实战”的目的。

三、主要成效

提高了员工的风险意识和应急能力。通过注重安全风险管理，向员工传递了“事故重在预防”和“风险无处不在”的基本理念，督促大家认真履行安全职责，严格遵守规章制度。同时在训练中更好地掌握应对突发事件的基本能力。

完善了油库跑冒油专项应急预案。方案的制定侧重了准备、响应、处置和善后这几个环节，而且每一项工作都有反复的推敲和推演，保证了应急预案的持续完善。

带动了油库整体应急管理水平的提升。在深入开展以防跑冒油为主的应急过程中，把日常基础性工作融入到人本物本的管理上，体现在软硬件的投入上，落实在基本功的训练上，促进了油库应急管理工作全面加强。

四、思考评析

防油品跑冒是油库应急管理工作的一个主要内容，是全员基本功训练的一个重要科目，需要本着“把损失和危害降到最低限度”这样一个原则，调动全员不断深入开展事先辨识、危害评估、措施落实等各项工作，同时注重在应急物资配备、处置预案制定、应急队伍建设等方面加大投入力度，使油库综合应急管理水平持续提升。

第七单元

综　合

“三四五”机制推动全员素质强化

江苏油田

摘　要：江苏油田采油一厂结合工作实际，建立了学习内容“三贴近”、学习过程的“四有”、运行机制的“五个一”的“三四五”学习机制。按照依据员工学习需求制定生产中各专业模块的技能训练计划为主，根据生产需要临时调整训练计划为辅的各类技能训练，形成了训练、考核、评价、总结、再训练的模式，有效强化了全体员工的业务素质与基本功。

关键词：技能训练　三贴近　四有　五个一　技能提升

一、背景描述

为满足大牛地气田快速发展的需要，结合近几年基本功训练工作实施情况，大量的集中式学习提高了员工理论知识储备，但实践能力欠缺，因此需要着重解决提高员工的实践能力，为此采气一厂制定了基本功训练工作目标：“以采气、输气、净化专业理论知识和实践经验为侧重点展开技能训练，夯实员工技能基础；以月度专项技能考核和季度技能比武为平台促进理论与实践结合，落实员工实践能力”。

二、基本做法

1. 训练内容的“三贴近”：贴近现场、贴近实际、贴近员工。

2. 训练过程的“四有”：授课人员有教案，员工学习有笔记，授课内容有考题，各类记录有归档。

3. 运行机制的“五个一”：基本功训练工作紧紧围绕“五个一”，不断提高职工理论水平和操作技能。五个一即“每日一题、每周一课、每月一考、每季一赛、每年一总结”。

每日一题。按照《五个一题库》具体实施每日一题，要求将理论学习工作做扎实，并在下站工作期间不断检查职工每日一题掌握情况，同时收集每日一题实施过程中出现问题，解答职工疑问。

每周一课。各班组根据技能训练计划以及站场实际操作需要，每周进行一次针对实际问题的授课，切实解决实际生产过程中出现的问题，不断提高职工业务能力。要求填写每周一课实施记录，人力资源科科长、技术副队长不定期进行检查和落实；同时每周一课可邀请安全、设备、技术相关人员进行具体问题授课，每月必须有一次。

每月一考。根据每日一题内容、生产需要以及安全设备等活动，编写考试题目，检验职工理论知识掌握情况，收集存在问题，并在下月有针对性的进行解决。

每季一赛。根据生产需要以及安全、设备有关活动，采取笔试、现场抢答等形式进行相关知识或技能竞赛，检验职工的操作技能掌握情况。

组织生产、技术、安全、设备等有关人员，根据实施过程中出现的问题以及新工艺、新设备的引入，完善职工学习教程，以此作为基本功训练工作开展的基础，使工作落到实处。同时为了加强员工常用基础知识的掌握和应用，组织生产、技术、安全、设备相关人员对原有应知应会进行修订完善，并进行宣贯。

根据各班组提出的次年技能学习需求，生产、技术、设备、安全等主管领导制定学习目标和计划，汇总编制采气一厂《年度学习训练计划》，按照计划督促各基层队落实技能训练计划，并填写技能训练记录，编写学习效果评价。

队级技能训练分为生产、技术、安全、设备四部分，各管理部门制定相应技能训练计划，每月至少 2 次。技能训练内容要以夯实操作基础、提升生产技能为重点，一般采取集中学习结合站场现场技能训练的形式。

站级技能训练主要参照操作规范、采气工知识、各类检查突出问题等，结合本站实际运行情况，按照月度进行针对性技能训练，以达到消除错误操作、意识、做法为目的，确保安全平稳生产。

队级、站级技能训练要求员工认真记录笔记，定期温习，掌握每次训练内容。同时针对实际工作情况，选择某项学习训练内容每月进行专项技能考核，落实学习执行力，促进员工理论与实践结合。

不定期对技能训练计划执行情况进行检查，并走访部分职工，落实技能训练效果，最后根据走访情况制定临时再训练计划。

日常工作中，主管部门不断组织各口人员下到分站进行检查，对于检查过程中发现的问题，若是普遍性问题，都会组织相关人员进行统一学习，以便日后不再发生类似问题；同时对于理论和技能范畴内的问题，相关人员也会将问题汇总，由技术副队长安排进行再次的技能训练。

年底，针对基本功训练各项工作的实施情况进行总结，特别是技能训练实施情况、训练教程、考核试题库等内容的完善情况；同时汇总实施过程中发现的问题，制定针对性措施，在下一年度进行整改。

三、主要成效

通过“三四五”技能训练机制的创立，员工都能够胜任自己的岗位，未发生一起安全事故，并且助力员工成才。涌现出 1 名局劳动模范，9 名局先进生产工作者，厂级各类标兵 30 名，厂级先进生产工作者 16 名，厂级劳动模范 5 名，培养技师 12 名，采气技能鉴定考核一次通过率达到 98%。

四、思考评析

结合开展的基本功训练工作推出的“三四五”技能训练机制，紧密结合当前生产实际，将旧的学习模式改革为按需求技能训练，把握住了员工“我要学习，我要安全”的心理，提高了员工立足岗位参加技能训练的积极性，弥补了每位员工的技能缺陷。通过技能训练后的考核、竞赛、评价进一步检验员工训练效果，同时也增强了员工参与的兴趣，在企业中形成了“比学赶帮超”的学习氛围。

“四促”练兵助能力提升

华东石油局

摘　要：华东石油局采油一厂以技术人员技能提升需求和气田生产需求与技术人员能力之间矛盾为导向，建立了“周末讲堂促融合”、“师徒帮带促进步”、“厂院交流促提升”、“技术合作促转化”为主要内容的“四促”练兵活动。让全体技术人员参与到技能提升练兵活动中，有效提高了技术人员的履职能力和业务水平。

关键词：需求　四促练兵　能力提升

一、背景描述

随着气田开发的深入，气井压力、产量降低，对队伍综合业务素质的要求越来越高。而开发研究所技术人员队伍年轻，经验不足，存在技术骨干能力与气田稳产保产需求之间的矛盾。为进一步提高技术人员素质，强化专业融合，促进科研技术成果转化，充分发挥技术人员作用，积极开展技术人员岗位练兵活动，为技术人员充电蓄能，取得了显著效果。

二、基本做法

1. 周末讲堂促融合。研究所根据日常工作和基础业务，将专业相近班组进行整合，组成4大业务工作组，抽调业务骨干组成技术学习小组，提前征求技术人员的技能训练学习需求，按照“缺什么、补什么”的原则，制订课程题目和学习内容，实现精准训练。每周日下午准时开讲，将技术人员的所学、所思和收获进行分享交流，答疑解惑，开展精品课件、精品教员评比。另外，我们还邀请高校教授、业务专家登台讲课，满足了技术人员对前沿理论、前瞻技术的渴求，拓宽了思路，开阔了眼界。通过周末课堂这种形式，达到了教学相长、专业融合的目的。

2. 师徒帮带促进步。研究所开展员工帮扶计划，要求各班组负责人、(副)主任师、高级工程师对毕业大学生、转岗技术人员实现一对一帮扶，将员工帮扶计划作为班组长的“一把手”工程，签订师徒帮扶协议，对帮扶具体内容、进度安排、目标任务等逐一明确。年中进行一次帮扶督导，年终进行一次帮扶考核，对帮扶的效果进行综合考评，对考核结果前三名的师徒授予“明星师徒”称号和荣誉证书，在年度优秀员工评选中进行优选推荐，师徒帮扶考核结果纳入班组的绩效管理。通过师徒帮扶计划的推进，充分发挥专业技术骨干“传、帮、带”的作用，实现了师傅、徒弟的共同提高与进步。

3. 厂院交流促提升。为提高技术骨干人员的大局意识，提升“科技尖兵”的攻关能力，研究所与分公司勘探开发研究院、工程技术研究院开发所、增产所、采气所等专业单位结成对子，开展厂院交流。每年开发研究所根据工作实际分别安排1~2名技术人员带着项目、课题到两院进行交流学习，争取做到思路有突破，学习有方向，工作有目标，能力有提升，技术有成果。邀请两院领导专家参加研究所年度技术交流大会，边交流边学习，使更多的技术人员很好的掌握了气田勘探开发现状和最新的科研成果。通过厂院层面的技术交流，有效的提升了技术人员的能力。

4. 技术合作促转化。研究所与管理区建立技术合作机制，开展技术攻关合作，促进技术人员相互培养、技术成果相互共享交流，将管理区作为研究所技术研究和成果试验基地，研究所作为管理区的技术支援团，实现了研究成果的快速转化，提高生产效率。技术人员与管理区之间建立技术联系工作机制，建立微信、QQ 工作群，参加联系单位月度技术分析会，与一线技术人员共同探讨交流，提出技术工作建议，技术人员既了解生产现状，又解决了现场生产困难，达到了事半功倍的效果。

三、主要成效

从技术人员成长需求、业务岗位履职需求出发，开展精准训练，提高了技术人员参与学习的主动性、积极性，激活了学习兴趣，解决了不愿学、不想学的思想根源，学习训练的效果得到了有效保障。建立的技术合作机制，使技术人员的研究成果与认识可以在现场得到迅速验证，现场存在的问题得到了有效的技术支撑，技术人员扎实的理论与现场实际实现了有效的融合，真正实现了在学中干、干中学，增长了经验，提升了水平。

四、思考评析

开展的“四促”岗位练兵活动，从服务气田生产实际、服务技术人员成长、业务岗位履职需要出发，从需求侧发力，找准了技术人员技能练兵的切入点，激活了技术人员学习的细胞，提升了学习兴趣，实现了技能提升与实际工作的有效结合，营造了团结协作、共同进步的良好氛围，拓宽了成长通道，实现了蓄能充电，促进了技术人员由低层次向高层次的迈进。

创新基本功训练模式，推进训练考核一体化

中原石油工程公司

摘　要：中原石油工程公司钻井一公司围绕“做好六项训练”的工作思路，建立以系统化训练为着力点，以考核激励为关键点，以选拔任用为落脚点的基本功训练运作模式，推进训、考、用一体化机制建设，提升了针对性和实效性，促进了现场生产与基本功训练的深度融合。

关键词：基本功训练　培考用一体化

一、背景描述

钻井市场竞争的加剧和用工改革的深入，对员工综合素质和实战能力提出了更高要求，特别是施工队伍点多、线长、面广，大多数员工均奋战在外部市场，集中学习无法满足能力差异化和个性化的学习需求，更无法快速提升现场操作技能。为加速员工队伍的能力提升和压缩员工岗位的适应周期，结合钻井生产特点，积极推行系统化训练模式，开展分岗位、分层次的基本功训练，增强了人才培养实效。

二、基本做法

1. 推行系统化训练。在员工学习需求分析阶段，依据学习地图，按照岗位职责要求，从集中学习和现场训练两个层面，分别设计训练项目、编制训练计划，实现集中学习与现场训练的优势互补。集中训练采取倒班学习、岗位轮训和停工集训等方式，重点对员工进行共性技能项目训练。现场训练由基层单位组织实施，采用现场课堂、岗位练兵、师带徒等方式，重点根据员工的个性差异，进行有针对性的基本功训练。

2. 灵活现场训练方式。基层单位是现场训练的活动主体，主要通过“每日一题、每周一课”等方式组织。现场训练师资以班组内部兼职教师为主。由基层单位结合生产需要优选训练内容，钻井队的“每日一题”利用班前班后会开展，训练课题根据当班工况精选设计，并着重从理论角度进行分析讲解，班组人员带着问题到工作中进行实践应用，加深了参加训练人员对问题的理解。钻井队的“每周一课”根据生产情况和技能训练需求自主安排，训练内容全部结合钻井生产流程、工艺和安全生产需求设置，增强了现场训练的针对性和实效性。

3. 开展“以考促训”。采用检查与考试相结合的考核方式，分层面开展“以考促训”活动，每年对基层单位基本功训练工作开展情况和工作效果进行一次综合考核，根据考核结果对单位负责人和员工进行奖罚兑现。基层单位采用“每月一考”的方式对员工技能训练效果进行现场检验，把每日一题、每周一课的学习训练内容作为必考内容，每月兑现考试奖惩，形成长期机制。

4. 强化考核激励。以司钻等关键岗位年度考核为基础，建立储备、任用、评优一体化的考核激励机制，每年通过理论考试、技能考核、绩效评价，储备优秀后备、淘汰不合格人员、选树优秀典型。例如司钻考核中将优秀司钻分为一级、二级、三级3个档次，连续3年取得三级司钻资格，晋升为二级司钻；连续3年取得二级司钻资格，可晋升为一级司钻，并按照一级1500元、二级1000元、三级500元的月补贴标准享受岗位津贴，有效拓展了司钻岗位的发展空间。

三、主要成效

将训、考、用融入到生产环节，增强技能训练针对性和实效性，员工的知识结构、技能水平得到完善提升。近年来，在集团级业务竞赛中取得3金、4银、2铜的成绩，在局级业务竞赛中23名选手取得规定名次。通过强化现场训练，将基层岗位练兵活动整体纳入年度工作计划，员工个性化学习需求分别列入系统化训练内容体系，员工系统化训练效果得到有效提高。

四、思考评析

钻井一公司通过系统化思考与设计，建立起训、考、用一体化闭环管理体系，统筹规划岗位练兵内容体系，合理安排基本功训练方式方法，集中学习与现场训练相结合，训、考、用相互促进，分层级实施基本功训练，保障了基础功训练效果和覆盖率。

达标固基础，创优强技能

江苏油田

摘　要： 江苏油田运输处通过在岗学习、集中学习、轮换岗位、年度再教育等方式，紧紧围绕“三基”要求，切实提升会计统计员业务技能水平。

关键词： 会计统计员　业务技能　技能训练

一、背景描述

在企业生产经营活动中，会计统计员不但要当好经营活动的“记录仪”，也要当好油田企业“战寒冬”的“天气预报员”。目前，江苏油田会计统计员队伍面临“年龄偏大、学历偏低、知识结构老化、人员身份多元”问题，不能有效的适应企业转型发展及推行信息化管理的需求。强化员工日常业务学习和岗位练兵活动，切实提升会计统计员业务技能水平，成为新时期的一项迫切任务。

二、基本做法

1. 建立标准。根据实际工作的需要，我们制定了以“算准帐、能出活”为熟练工达标要求，以“会算账、出点子”为技术工创优要求。对照要求，按对应的业务知识需求，建立起知识模块，强化学习，业务知识矩阵如下。

学习内容	熟练工种	技术工种
路单收入结算流程	√	
成本费用归集分配	√	
EXCEL 表财务功能		√
原始凭证审核汇总	√	
财务报表出具		√
会计凭证编制	√	
现金管理(点钞)	√	
经营活动分析		√
PPT 制作		√

再根据员工的知识结构和年龄结构，将人员分为熟练工、技术工，按照各有侧重的方式，组织技能训练，让每个员工成为核算员队伍中“一专多能”的人才。

2. 以赛促学。每年，我们把会计统计员单独作为一个工种参加职业技能竞赛，要求在岗会计统计员必须参加。竞赛内容与岗位工作紧密结合，即包含点钞、凭证装订等基本技能，又包含自动化办公、经营数字分析、账目处理等专业技能，通过赛前的强化训练和选手们赛场互竞互学，进一步提升业务技能。

3. 资质技能训练。随着一批统计核算岗人员逐步退休，多个岗位存在缺失。为使工作有序运行，就必须一人多岗。利用休息时间，我们聘请专业老师进行业务技能训练，提前做好人员储备，确保统计和核算人员能灵活调剂。通过强化式技能训练，共 10 人取得会计从业资质，2 人取得中级会计资质。

4. 岗位轮换。我们为了让会计统计员全面掌握运输处各个生产流程，不定期对会计统计员进行统计和核算岗位、车队和修理基层单位的轮换。通过边干边学、以老带新等方式，大家逐步熟悉岗位的各类不同工作要求，不断拓展业务工作能力。

5. 继续教育。每年，我们进行从业人员网络继续教育，要求选课内容要与本岗位工作紧密衔接，努力做到学以致用。同时，根据工作需要和工作发现的问题，开展相关业务知识学习，坚持学习内容针对性、有效性和实用性，逐步巩固和强化了会计统计员的岗位适应能力。

三、主要成效

近 3 年来，全处会计统计员有 30% 左右退休，未新增人员，同时，还新增 2 个核算主体工作量的情况下，我们确保了全处会计核算工作的顺利进行。这些得益于个人工作效率的提高和会计信息质量的提高，充分挖掘了人力资源潜力，节约人力资源成本近 20 万元，实现了人力资源盘活增效。

2016 年财务系统进行了重大改革，实行共享集中上线，通过集中学习、现场指导、定期督促检查等方式，使会计统计员能尽快适应新制度的要求，做好基础工作，保证了财务系统的顺利上线。

四、思考评析

江苏油田会计统计员达标创优式技能训练取得较好的效果，提高了工作效率，盘活了人力资源。但技能训练中具体课程的设置需要根据经营管理需要不断更新，才能使设置更加合理；另外学习要从“突击性”学习向“常态化”训练转变，通过经常性学习与技能培养，提升员工终身学习意识，会取得更好的效果。

基本功训练助跑多级射孔新技术应用

江汉油田

摘　要： 江汉油田针对熟练员工缺乏、部分员工操作不规范、仪器设备保养不到位等问题，开展了一系列技能训练，并制作了视频教材，通过视频教学的手段，提高了员工技能训练效率与质量。

关键词： 多级射孔　视频教材　技能训练

一、背景描述

随着页岩气的开发，出现了页岩气泵桥塞与分级射孔联作施工(以下简称多级射孔)。多级射孔作为一种新技术，具有高利润、高时效、技术难等特点，是页岩气开发的主要技术之一，是公司产值和利润的主要增长点。

公司多级射孔从2013年开始，走国产化道路成功后，多级射孔专业进入迅速发展阶段，施工队伍由2支迅速扩充至8支，新增员工大部分来源于其它专业转岗员工，加之多级射孔与常规射孔工艺区别大，具有环节多、关键节点多、容错率低、泵送控制难度大、仪器设备保养要求高等特点，在队伍扩充过程中，暴露出熟练员工缺乏、部分员工操作不规范、仪器设备保养不到位等情况，这些情况严重影响多级射孔的施工质量。为此，需要精心组织开展全员基本功训练。

二、基本做法

1. 立规矩，定制度。制定了《多级射孔职工教育培训管理规定》，实行竞聘上岗制度。每次技能训练活动必须本人签到，各岗人员每年参加技能学习时间不少于3个月，操作技能训练时间不少于学习总时间的60%，若技能训练时间不达标不能参与岗位竞聘。学习后进行闭卷考试，成绩连续3次在后5名的取消竞聘资格，进行待岗处理；成绩连续3次在前3名的在岗位竞聘时直接进入候选名单不需要进行岗位推荐和岗位考试的环节。

2.“两表法”训练一目了然。依据工艺技术流程和标准编制的《标准检查表》和《节点控制表》，在基础训练中发挥了巨大作用。《标准检查表》和《节点控制表》按工序划分，对每个操作步骤都做了明确要求，并标注了各关键节点，一目了然，员工逐条对照两表进行操作，就能够很快掌握施工的关键点和操作要领。

3. 视频教材直观教学。多级射孔中心组织技术人员和熟练岗长，拍摄各岗标准化操作流程，分解每一个动作要领，配音讲解，规范操作动作，制作成视频教材。视频教材能在多种设备上播放，便于理解，操作人员可以随时学习，直观掌握动作要领，受到了员工的欢迎。视频内容包含《转换接头检查保养操作流程》、《安全防爆装置检查保养操作流程》、《桥塞坐封工具组装操作流程》、《多级装置组装检查操作流程》、《联炮岗射孔枪串组装检查流程》、《电缆头制作及马笼头保养检查连接操作流程》等，覆盖了多级射孔工艺的整个装配流程。

4. 典型案例和技术规范穿插式教学。多级射孔中心收集了各类典型案例，组织员工进行案例的学习和分析，穿插讲解技术规范，让员工知道技术规范每一条的形成都来自事故案例的经验和教训，了解不遵守技术规范将导致什么后果，深刻理解整体工艺的风险点。

三、主要成效

1. 全员素质的提高。经过这一系列的基本功训练和考核，为队伍的扩充补充了大批的熟练岗长，队伍的整体素质得到了极大提高，多级射孔施工成功率由最初的90%上升并稳定到98%，2016年4月单月成功率达到了100%；因人为装配引起的故障率为零，未发生任何异常情况。

2. 拔尖人才的成就。青年员工董明达经过扎实的基本功训练，迅速成长为公司技术骨干，他善于总结创新，他的技术改进成果《多级点火头防冲击部件》获2015年江汉油田五小成果一等奖。

四、思考评析

新技术的发展、队伍的快速扩张突显对熟练员工、人才的巨大需求，传统的入场教育、“老带新”、岗位练兵等学习模式已不能满足如此紧迫的巨大需求。该中心面对新的挑战，创新工作制度，让技能与效益挂钩激励员工参与基本功训练；应用“两表法”等特色学习方法开展基本功训练；利用视频教材直观易学的特性强化技能培养；通过案例分析培养风险和危机意识，多类方式创新结合，有效提高了工作效率，很快的培养出大批的熟练员工。

多措并举强化基本功

天然气分公司

摘　要：天然气分公司德州输气管理处将强化基本功训练作为落实岗位责任的重要举措，通过设备检修微课堂、周三小课堂讲座、模拟演练、“一对一双培养”、“考带学，奖促学”、“创纪录树榜样”等做法，有计划、有策略、有创新地推进一线员工基本功训练，提高员工素质、促进员工成长，收到了良好效果。

关键词：微课堂　模拟演练　创纪录

一、背景描述

德州管理处下辖榆济线、安济线和中济线共434.87km管线，输气场站10座、阀室19座。其中，安济线和中济线面临运行时间长、场站设备老化、设备故障频发等问题。基层站队员工结构复杂、年龄断层严重，年轻职工积极上进、掌握新知识新技能比较快，但经验不足、动手能力差，老职工经验丰富、应急水平高，但理论基础差、工作热情不高。

二、基本做法

1. 设备检修“微课堂”。由于一线员工驻地分散、安全生产任务重，无法开展经常性的集中学习，德州管理处结合自身实际，坚持“干什么学什么”的原则，借助设备春秋检时机，实地开展“微课堂”活动。将分离器、气液联动阀、管道防腐等检维修工作作为班组开展技能训练活动的内容之一，由技术精湛的工程师、技术能手和设备专家带领，传授设备维护保养经验和技能操作要点，坚持边检查、边分析、边整改，在干中学、在学中不断提升理论水平和实际操作能力。

2. 坚持周三小课堂。每周三晚设立“小课堂”，通过视频方式面向一线场站开展技能训练专题讲座，为各场站日常工作中存在的问题答疑解惑。2016年，共开展专题讲座21场，训练853人次。讲座由管理处专业技术骨干作为主讲老师，讲解日常操作中遇到的技术难点及新工艺、新设备的正确操作方式，结合运行情况和使用中出现的问题，与一线操作岗位人员共同探讨、相互交流、解决问题。同时，健全技能训练需求反馈机制，一线员工可以提出个性技能训练需求，管理处技术骨干“开小灶”进行专题辅导，不断填补操作人员知识、技能方面存在的“短板”。

3. 故障现场模拟。针对调压阀异常关断、阀门远程操作失效等日常运行中出现的设备故障，管理处技术人员在认真分析原因的基础上，利用废旧设备、零件，设置类似故障状态、模拟现场情景，通过在旧设备上设置故障点，指导员工找到故障原因，掌握故障处理技能，提高实际操作能力。

4. 双培养、共提高。针对新老员工知识结构差异较大的特点，根据员工技能层次及培养目标，积极推行新老员工结对学习，把学习对子分为入门型、成才型和特长型三个层次，老员工向新员工传授实操经验，新员工给老员工讲解理论知识，“一对一”互相帮扶，实现优势互补、共同提高。

5. 考带学、奖促学。成立基本功训练项目考核组，结合月度绩效考核，每月开展一次集中学习考核。采取随机出题、当场作答和现场模拟操作的方式考核检验基本功训练成果。考试内容以生产实操实练为主，涉及工艺指标、操作参数、事故判断及应急处理等各个方面，考试成绩与员工绩效挂钩，以考带学，以奖促学，做到真学真考真兑现，充分调动一线员工基本功训练积极性。

6.“创纪录”、树榜样。立足场站实际生产需求，开展“场站流程图绘制”、“阀门拆装及阀门结构图绘制”、“应急处置能力比赛”等多项创纪录活动，为讲实干、求上进的基层员工提供了展示一技之长的平台，并通过管理处、站队两个层面设立评比展台，树立榜样、激励员工苦练内功，不断挑战自我、突破自我、刷新纪录，提高管理处员工的整体技能水平。

三、主要成效

先后发现并处理了阀门内漏、电动执行机构积水、流量计零点漂移、调压失控等多起设备故障隐患和应急突发事件，避免了事故的发生，为输气场站安全生产提供了有力的保障。在技能操作人员技能鉴定中，通过率在榆济管道分公司名列前茅，有 2 名新毕业大学生成为技术骨干，4 名年轻员工成长为班站长，实现了管理水平和个人成长“双促进”。

四、思考评析

天然气分公司德州输气管理处结合一线特点，不断丰富和创新基本功训练方式方法，通过设备检修微课堂、模拟演练、“一对一双培养”等做法，不断扩大受众范围，增强活动“粘性”，这种多措并举、工作训练相辅相成的做法，在实践中取得很好效果。

岗位练兵打基础，奖惩结合提技能

上海石化

摘　要：上海石化质管中心通过完善更新练兵题库，加强考核激励，实现练考结合，提高了员工岗位综合素质和技能操作水平。

关键词：岗位练兵　题库修订　考核激励　技能提升

一、背景描述

上海石化质管中心近几年来人员出现集中退休潮，将近三分之一的岗位由新员工及转岗员工接替。对于这些毫无分析检验基础的人员，岗位练兵是最好最基本的训练方式。坚持每日一题、每周一练、每月一考，持续提高员工岗位综合素质和技能操作水平。

二、基本做法

1. 更新题库确保岗位练兵活动的针对性和有效性。结合质管中心人员结构的实际情况，组织做好年度的题库更新工作。为了使网上练兵题库与员工日常工作内容更加贴切，质管中心成立了网上练兵题库建设工作小组，组织修订和完善中心原有的 7 个题库，在原有题库的基础上进行增加和修订；根据实际情况增加三个小题库（标液组、质管水质组、热电组）。题库修订完善后组织各专业线进行审核确认，以此作为2016年质管中心技能操作人员岗位练兵的重要教材。

2. 考核激励提高岗位练兵的积极性和趣味性。在原来开展网上练兵的基础上，增加了各部门每月自行检查和质管中心定期抽查的环节。部门检查由部门指定专人负责，每月每班组检查1人，每月检查的人员原则上不重复，部门检查的情况通过《网上练兵现场检查表》及时记录，每月初将前一个月的记录以纸质及电子版上报人力资源科；质管中心抽查由人力资源部门、工会负责，每两个月进行1次，从部门已检查人员中随机抽查，总人数不超过15人。对于抽查中成绩优秀(90分及以上)的员工，中心工会将给予一次性的奖励。同时员工的岗位练兵也与部门每月的组织绩效考核挂钩，不按要求完成岗位练兵工作的，质管中心按绩效考核条款对相关部门扣分，部门对员工直接考核扣奖。

三、主要成效

一是在技能竞赛方面，在2013年集团公司级化工分析技能竞赛中，质管中心有2名参赛选手分别获得了两枚银牌、在2015年集团公司级水质检验工技能竞赛中，质管中心有2名参赛选手分别获得了一枚金牌和一枚铜牌，并且夺得团体第三。

二是在日常练习中，近两年，质管中心对基层岗位练兵情况进行部门自查和中心抽查，在中心抽考的140人中，有79人抽考成绩优秀(90分及以上)。

三是转岗人员能如期通过岗位考核，独立上岗。目前，质管中心转岗员工较多，如陈山码头转岗员工、芳樟醇装置成建制转入员工、丙烯腈装置部分员工转入、公司内部招聘员工等，这些员工主要都是通过岗位练兵、导师带徒方式进行岗位学习，逐步掌握岗位技能。

四、思考评析

岗位练兵是技能操作人员岗位成才的有效途径之一，是最基础的基本功训练。关键是如何提高技能操作人员岗位练兵的主动性和积极性，让目前的被动学习变为更有效的主动学习，让目前枯燥的学习形式变得更加生动有趣，学习的界面更加形式多样，从而激发员工学习的热情，是今后要思考改进的方向。

打造“一专多能”型技能队伍，满足生产工作需要

金陵石化

摘　要：金陵石化炼油运行一部五工区通过积极开展岗位培训、岗位练兵、实操训练，多装置操作培训，打造“一专多能”型技能操作队伍，满足多装置生产操作任务需要，促进技能人才的全面发展和劳动生产率的有效提高。

关键词：一专多能　岗位培训　满足需要

一、背景描述

炼油运行一部五工区有 6 套在运装置，其中 3 套为 B 类装置、3 套为 C 类装置，具有体量大、跨工种多、操作地点分散等特点，工区 88 人，平均年龄为 44 岁，队伍大龄化凸显，仅有 3 人能操作 3 套以上装置，25%人员为近几年转岗员工，这些人大多之前没有接触过炼油装置操作，无法满足多装置操作要求，亟需通过加强多装置操作培训、岗位培训和基本功训练提高操作技能，完善岗位配置，满足生产需要。

二、基本做法

针对生产运行和队伍现状，工区提出了大力培养“一专多能”型操作队伍的设想和目标。“一专”即员工能够全面掌握两套装置的基本操作；“多能”即能够胜任三套及以上装置的操作。为此，工区专门制定了工作计划和方案，分两个阶段组织开展：

第一阶段为“一专”达标阶段。由于工区人员结构复杂，故此阶段重点要“补短板”，提升队伍整体技能水平，达到“一专”操作基本要求。

“小卡片的大作用”。工区针对不同岗位，按照要求制定岗位技能胜任达标标准，为每位员工量身定造一套“一专”达标培训计划，制作成可以随身携带的小卡片，可以随时拿出来对照检查，自我学习评价。

“随学随用的小白板”。工区为每个操作室都配置了培训小白板，方便班组组织职工在学习过程中遇到一些问题讨论，画流程图和演算非常便捷。

“班班接龙的小问题”。为了激发大家学习积极性，工区开展“问题接龙”活动，由上个班的班组提出生产操作的问题，下个班的班组来解答，以此循环不断，工区管理组和技师队伍负责定期讲评，评选出每月“问题接龙”先进班组和个人，在经济责任制考核中加分，在培训考核中嘉奖。

“考核兑现大出手”。在此阶段，每月末工区组织考试，评价培训效果，讲评共性不足，阶段末期组织达标考核。对未达标的员工除给予学习岗工资标准外，在综合奖、单项奖、年度绩效奖中也相应扣减 10%，直到符合上岗技能水平条件；达标员工落实岗位定员，并在每月的考试中，对前 10 名依名次一次性给予奖励 1000 元、500 元和 300 元。

第二阶段为“多能”提升阶段。为了满足生产需求，此阶段重点是“拉长板”，促进技能人才队伍发展和劳动生产率提高。

“定位”好目标。达标员工根据自身发展和生产实际，在征求个人同意的前提下，编制员工个人定位发展目标规划，组织员工参加兼会装置的学习和考核认定，时间为3~6个月。在此阶段，工区根据每位员工提升目标，采取分类培训法，即根据不同岗位和不同的兼会操作要求，采取了“三套装置操作能手”、“四套装置以上操作能手”两种培训模式。

“帮扶”促提升。工区为员工配备了装置学习的工艺流程图、操作规程、题库问答、操作要点等理论学习材料，由干部和高级技师组成指导小组，为每位提升员工提供帮扶指导。在此基础上，工区党支部还开展了“党员群众结对帮扶”提升活动，骨干党员帮扶未提升的党员或群众，强化培训实效。员工互帮互学蔚然成风。

“竞赛”提成效。为提高员工的思想认识，调动员工积极性，除了管理上明确基本要求外，还积极组织“保供氢”、“达标立功”等各类劳动竞赛，提升学习成效。

“考核”见真功。全面提升培训结束后，工区组织理论卷面、现场问答、仿真模拟、预案处置等形式的综合考试，全面评价胜任能力。“三套装置操作能手”，综合奖、单项奖上调10%；“四套装置以上操作能手”，综合奖、单项奖上调“15%~20%”，鼓励多装置操作。考核认定未达标人员奖金系数不提高，同时根据个人意愿，随时接受员工的“多能”提升考核申请。

三、主要成效

项目	二套装置操作	三套装置操作能手	四套以上装置操作能手
一专多能培训前	53	2人	1人
一专多能培训后	88	18人	12人

经过一年多“一专多能”型培训提升方案的落实，工区掌握“二套装置操作”基本要求的人员由之前的53人，增至全员；“三套装置操作能手”由之前的2人增至18人；“四套装置操作能手”由之前的1人增至12人。班组成员的操作技能有了较大提高，队伍能力结构得到较好改观，职工队伍出现几个新特点。

“比”。由于“多能“人才的出现，部分职工在薪酬待遇上有了差距，职工会比较，也对有些职工有很大触动。

“学”。由于长期坚持开展这项活动，职工学习成为了习惯，平时工作之余大部分时间都花在讨论和学习上。

“赶”。由于有差距，所以有了比较，一部分未认定为“多能”的职工有了追赶的愿望。

“帮”。支部开展结对帮扶活动，职工学习操作技能时工区领导，党员，技术人员和技能人才都在帮助他，同时不同岗位的技能人才也在互帮互学。

经过长期坚持“一专多能”活动，基本满足了装置生产转换中的人员安排和生产平稳运行，实现了人力资源利用的优化，同时也为其他新装置开工输送了技能人才。

四、思考评析

一线技能操作者的素质能力是企业安全稳定生产的根本保障，也是技能人才成长发展的必备基础，组织开展好岗位培训、岗位练兵和基本功训练是技能人才队伍建设最直接、最有效的工作方向。对于大型化连续性生产作业方式，尤其是在配员紧、生产任务重、老龄化严重、用工成本高的情况下，只有切实提高员工素质能力，合理地增宽加长操作幅度，不断挖掘和利用操作潜能，才能适应和满足新形势下生产发展和劳动用工需要。

技能操作"一月一练"

金陵石化

摘　要：金陵石化烷基苯厂一车间十几年来长期坚持开展"一月一练"工作，并将"一月一练"与员工月度绩效量化考核相结合，该做法促进了工艺班组间比学赶帮超的良好学习氛围，提高了操作人员的学习积极性。

关键词：基本功　一月一练　量化考核

一、背景描述

"一月一练"是烷基苯一车间强化"三基"工作的传统项目，也是培训的形式之一。烷基苯厂建厂时间早，职工文化和技能水平参差不齐，尤其由于所处地理位置，安全生产、环境保护责任重大，建设一支高素质的职工队伍是工厂的重要工作任务。

2001 年以来，通过持续加强培训考核，职工操作技能水平有了很大的改观，装置运行平稳率有了很大提高，企业效益稳步增长。

二、基本做法

1. 形式。车间一方面加强思想政治工作，强调"一月一练"的必要性和管理要求，另一方面优化训练和考核形式，减少纯理论讲授，增加实际操作和经验传训，考核不局限于笔试，同时包括现场问答、现场实操、仿真模拟、预案处置演练等。训练考核由专业工程师负责，车间领导班子分工全程跟训参考。

2. 内容。“一月一练”内容涵盖操作人员日常工作应知应会的全部内容，既有每月必练必考的工艺卡片、基本流程等，又有当月特定的如事故教训、技改技措后的新工艺、新流程、新设备的掌握、冬季防冻防凝、夏季雷雨气候停、晃电应急处理等，确保训练工作的系统性、针对性和及时性。

3. 考核。由工艺技术人员负责，对操作人员“一月一练”考核结果进行评分，考核结果在当月职工综合奖金中予以体现。

考核结果除了作为奖金评定标准外，也作为系统操作员资格、技师评定、竞争上岗、年度绩效、评优推先等主要依据。

三、主要成效

1. 车间安全生产风险降低。通过“一月一练”，近十年来车间未发生过一起误操作引发的安全、环保和非计划停工事故。在公司安全、环保达标立功竞赛活动中，2015 年车间职工获厂一等功八次、二等功三次、公司三等功一次。2016 年获厂一等功五次、二等功三次、三等功一次，公司三等功一次。

2. 职工合理化建议质量不断提高。通过“一月一练”，车间职工的合理化建议逐渐增加质量提高，且建议中有关安全、环保，节能降耗方面的内容所占比例增加。

3. 技能水平整体提高，职工成长空间提升。通过“一月一练”提升技能，职工参加车间生产项目、QC 活动、排异解难、隐患查找等积极性提升，“N+Y”评分得到了保证。目前车间有首席技师 1 人、主任技师 1 人、高级技师 11

人、技师 8 人。

四、思考评析

金陵石化烷基苯厂一车间长期坚持“一月一练”基本功训练，不断提升了职工技能水平和单位劳动生产率。“一月一练”作为传统项目，要在新形势下取得实效，需要在内容、形式、考核上不断创新，赋予新的内涵才能产生新的实效。

为"立体化"培训点赞

天津石化

摘　要：天津石化乙二醇车间为职工搭建岗位成才平台，采取多种训练方式，激发学习兴趣和潜能，促进职工岗位能力提升。

关键词：训练　微课堂　晚班课堂　百题问答

一、背景描述

乙二醇车间是烯烃部四大主装置之一，1995 年 12 月一次投产成功。目前 80%以上员工在岗时间超过 10 年，年龄小于 35 岁的占 20%。由于在岗时间普遍较长，操作员对装置的熟悉和掌握程度较高，加上运行班组人员相对固定、技能上取长补短，保证了装置的安稳常满优运行。但此种状况的另一面是职工岗位技能拓展性意愿不强。面临今后 3~5 年 10%~15%的骨干到达退休年龄，新人锻炼机会少、成长慢，难以达到继任能力的实际需求。

二、基本做法

1. 多元化训练，职工说"Good"。车间创新多元化的学习方式，微课堂、晚班课堂、轮岗学习、面对面考试、百题问答等为职工送上可口的技能特色餐。微课堂：采用一事一讲的方式，将训练内容化整为零，一般利用 10 分钟就可训练一个知识点，学习人员有新鲜感，容易记忆。晚班课堂：训练项目有随机性，一般是近期装置发生的操作调整、异常处理或紧急处理的细节讨论，该训练由班组长组织，班组技术骨干协同“有事件”的岗位就操作原则、步骤、细节进行推敲，完善操作过程。轮岗学习：春季到秋季，班组组织同岗位内外操相互学习，模拟操作学习，时间为一期 3 个月，岗位互学人员互帮互助学习提高、模拟体验岗位工作内容。

面对面考试：每季度进行一次考试。面对工艺流程切换、开停车操作、设备故障处理、突发事件应急处置等进行现场考答。结果作为技能操作人员技能考核的重要手段和星级评定的参考之一。

百题问答：规范和补充面对面考试题库，车间汇总以往训练内容，每年将操作人员应知应会内容汇成 100 道试题，交由班组成员自行学习，夯实基本功。

导师带徒：是针对岗位新人的有效培养方式，把装置现场当课堂，让学与干、干与学紧密结合，以老带新，依据职工工种、岗位、层次的不同需求，结合徒弟自身条件量身定做培训的方式、内容和进度，确保半年转正定职，独立上岗操作。

2. 安全故事会，人人讲亲历。利用安全会的时机，班组人员上讲台，以 PPT 的形式，现身说法，讲述安全常识或发生在自己身上和身边的安全事故。

3. “小课堂、小窗口、小练兵场”培养青工。车间对青工开展岗位间的互相学习，促进其向系统操作方向发展。结合青工理论知识丰富，但实操技能欠缺。师傅通过“小课堂”手把手教夯实操作细节，通过“小窗口”对一个事故的分析培养其发现问题、查找事故源头的能力。

三、主要成效

近两年车间推出了分工种、分岗位的一系列微课堂课程 39 个，开发了“车间危害因素分析”、“开车投氧步骤”、“干气密封系统密封气切换”、“EM 系统使用”等课件 25 个，培训内容从岗位操作逐步向系统操作、演练衔接内容扩展。职工操作技能明显提高，四星以上操作员普遍达到“三岗通，一岗精”，2016 年全岗操作能力人数达到 14 名，车间实现了两年生产安全事故为零。

四、思考评析

针对车间当前职工技能现状，搭建平台、创新方式，挖掘潜能，充分调动大家的积极性、主动性。通过岗位培训，让弱者变强，强者更强，涌现出“岗位学习标兵”、“安全生产标兵”、“发现隐患之星”、“改善经营管理建议之星”等一大批装置“明星”，在打造高素质的职工队伍同时培养出为装置安稳运行保驾护航的尖兵。

人人动手编题库，自我训练提素质

镇海炼化

摘　要：镇海炼化要求员工自拟思考题自找标准答案，编写《岗位培训题库》；班组自我培训出效果，培训课件助推班员获取新知识；笔试面试相结合，严肃纪律"两杜绝"为抓手，上行岗位需竞聘，考试合格方上任，激励员工保持旺盛的学习力，有效促进了整体素质的提升。

关键词：题库　课件　全员参与　长效机制

一、背景描述

近年来，电气管辖范围不断扩大，每年都有 10 多名员工退休或流失，而进厂新员工少，人员不断减少。新技术不断应用，员工需要不断学习才能适应岗位要求。面对人力资源紧张、安全供电形势严峻的局面，电气部建立员工岗位任职资格培训考核体系，推出《岗位任职资格考试实施办法》，编制各班组、各岗位的《训练大纲》，把通过本岗位任职资格考试作为员工上岗的必要条件，提升员工技能素质，满足装置安全供电需要。

二、基本做法

1. 员工自拟思考题自找标准答案，编写《岗位训练题库》。开展“人人动手编题库”活动，班长、值长、主值、副值每个岗位(每个员工)都接到几十道思考题的编写任务。经过近两年的修改核对，由175名班组员工编写的《岗位训练题库》定稿成册下发，被戏称为“镇海炼化作者最多的”的“巨著”，共301页30多万字，3万多道训练问答题。

2. 班组自我训练出效果，训练课件助推班员获取新知识。各班组立足自我，安排骨干制作新知识训练课件。先后制作了《总变35KV典型操作实例讲解》、《断路器失灵保护》等课件。课件图文并茂，形象直观，将抽象难懂的理论知识点在PPT里得到展示，并加入扼要的注解，训练效果好。

3. 笔试和面试相结合，严肃考试纪律“两杜绝”。应知采用笔试，应会采用“面试提问”，考评组围绕“看图识图”和“故障处理”两大考题，“面对面”考员工的电气基础知识和故障判断能力。考试前，由部总工程师任选一套试卷，打印后直送考场，杜绝泄密事件发生。考试过程中，一人一座，由部领导到场监考，杜绝作弊现象发生。拒绝说情不妥协，试点班组17人考本岗位的任职资格，有7人被挂了“红灯”。部领导拒绝说情，按规定不合格者扣月奖20%，部内通报并补考。

4. 上行岗位需竞聘，考试合格方上任。建立了员工岗位任职资格训练考核体系，推出《岗位任职资格考试实施办法》，通过本岗位任职资格考试作为员工上岗的必要条件。目前，已有131人通过岗位任职资格考试上岗，25位员工主动要求参加上行岗位的考试，13位员工考试合格，经过竞聘程序，优先获得了上行岗位。

三、主要成效

员工通过自己动手编写题库，自我培训，形成了“我要学习”的良好氛围。考试合格后竞聘上岗，激发了员工学习和参加基本功训练的积极性，带动了员工队伍整体素质的提高。基本满足了目前部门人力资源需求，以质的提高来弥补量的不足，为安全供电打下了坚实基础，连续 3 年实现“十万次操作无差错”，连续 2 年实现“全年无生产异常”的业绩。

四、思考评析

只有让员工成为学习的主人，训练才能事半功倍。电气部发动每位班组员工，人人动手编写《题库》。员工的参与意识增强了，学技术热情高涨。同时，编写过程其实就是一次自我训练、自我提高的过程。要获得上行岗位必须先通过考试，通过后一次性加月奖 20%，部内通报表扬，上行岗位优先考虑，正激励措施提升了员工特别是年轻员工持久的学习力，在班组营造了浓厚的“比学赶帮超”氛围。

员工技能训练学分制

镇海炼化

摘　要：镇海炼化炼油三部员工技能训练学分制，解决了教与学的矛盾，促进员工技能训练的参与性和主动性。同时，通过设置员工“学分”考核指标，促进员工主动参与训练、主动参与讲课、主动参与演练，形成教学互动、资料共享，提升了员工基本技能，为装置安全生产提供有效技能支撑。

关键词：学分制　仿真培训　自主训练

一、背景描述

以往培训手段多种多样，各自为政，训练效果不明显，以考代培，以分数评定员工培训绩效和技能水平，不能全面客观评价员工训练成效和技能水平，员工意见较大，对技能考试有抵触情绪。为此，在广泛征求员工意见的基础上，为深入开展员工基本功训练，推进量化考核，炼油三部从2014年3月份起推出《员工技能培训学分制》，将员工完成技能训练情况、训练绩效和技能素质，以“学分”形式加以评定，作为经济责任制和员工年度考核依据之一，促进了员工参与技能训练的积极性和主动性，取得了显著效果。

二、基本做法

《员工技能训练学分制》主要突出以“学分”制考核为主线，将员工日常训练工作绩效考评，设置日常训练、训练绩效和技能素质三大类，共计 13 个考核项加以体现，根据完成难度、实际成效和成果质量设置不同学分。

日常训练，主要是将员工每月参加仿真培训、基本功训练、流程学习(基本流程和重点流程)、应急演练、在线学习，按照参加学习次数，培训任务完成，对照考核标准，确定学分。

培训绩效，主要根据员工每月一次抽考和上下半年各一次综合技能考试两项成绩，对照考核标准，核定学分。抽考每月随机从班组抽取 2 名员工，对基本知识、基本技能、操作变更、应急预案等内容以提问形式进行。

技能素质，主要将员工参与技能训练、合理化建议、技术论文、技术分析及常态化完善等 5 项根据完成难易程度、实际成效，分别设置优、良、中、其他四个等级标准，对每一等级明确折算成“学分”依据，同时为区分新老员工实际技能上的差异和训练需求，设置“工龄分”和“差异式”员工年度考核指标，2016 年考核指标为老员工要求 70 分，近三年员工要求 90 分，使考核更加客观公正。

《炼油三部学分制相关考核标准》(详见表 1)每年初对实施情况征求全体员工意见，进行修订完善，并提交职工代表大会讨论通过。对每位员工当月训练考核取得的“学分”，在次月 10 日前运行部内网上进行公布，接受员工监督。每一考核年度末(当年 10 月至次年 9 月)对各区域所有技能操作岗位员工取得学分进行统计，各区域取得“学分”前三名的员工分别给予一次性 1000 元、600 元、300 元奖励，对没有完成规定学分考核指标的员工扣奖 500 元，员工年度取得的“学分”作为年度考核依据加以运用。

表 1　炼油三部学分制相关考核标准

序号	项　　目	分值			
		优	良	中	其他
1	抽考(除进镇海炼化未到 1 年员工外，未到 1 年员工每月一次)	抽考成绩＊10 并取小数点后 1 位			
2	季度考试	抽考成绩＊15 并取小数点后 1 位			
3	合理化建议	5	3	2	1
4	技术分析进班组	10	8	5	2
5	仿真实效(月度)	3		1	
6	常态化完善采纳并认可	1			
7	参加班组自主培训、专题培训、微课堂学习	2		1	
8	基本流程(进镇海炼化未到 1 年新员工每季度一次测试)	5	3	2	1
9	基本功训练(进镇海炼化未到 1 年新员工不定期抽查)	5	3	2	1
10	重点流程(适合进厂 1 年以上老员工，每年各区域安排一次测试)	测试成绩＊15 取小数点后 1 位			
11	技术论文发表(篇)(在《镇海石化》或有关杂志上发表)	30			
12	基础分	按照工龄计分，1 分/年			
13	班组人员授课及自主培训主讲人员(次)	10			
14	应急演练主要参与人	2			
15	在线学习(远程培训系统和镇海炼化职教系统学习)	1/次			

三、主要成效

“学分制”是对员工技能学习态度和技能水平的综合评价，与个人经济责任制考核挂钩，一定程度上促进员工主动参与学习，主动参与讲课，主动参与演练的积极性和主动性，形成教学互动，充实了培训班培训内容。据统计，2014 年 3 月至 2016 年 12 月班组开展自主训练 223 次，2200 多人次参与学习交流，252 人次作为训练师走上讲台授课。

“学分制”考核评价体系设置“工龄分”和“差异式”员工年度考核指标，兼顾了员工不同层次，不同技能的实际，为不同群体进行技能评定量身打造、“私人定制”，解决了新和老的问题，体现新老员工实际操作技能水平上的差异，使训练考核更加客观公正，促进了员工技能水平提高。

四、思考评析

炼油三部“学分制”是技能训练标准化评定机制，突出日常训练和员工综合技能素质量化考核，能够引导生产一线技术能手走上讲台传授技艺，促使员工多学习，多思考，多钻研，多去了解掌握新知识和新技能，真正做到“学知识”与“提技能”的有机融合，促进了员工参与技能训练积极性和主动性。

采油二厂井楼采油管理区“3+1”基本功训练模式

河南油田

摘　要：为强化班组基本功训练，2015 年河南油田井楼采油管理区探索实施了“3+1”基本功训练新模式。即：以班组自培为主，发挥管理层和高技能人才的教培作用，实施机关帮培和技师助培，并建立每月一督查的考核监督机制，为落实“六项训练”、提升班组标准化建设水平、促进全员技能素质的提升做出了积极的贡献。

关键词：班组　“3+1”　基本功训练　模式

一、背景描述

井楼采油管理区隶属河南油田分公司采油二厂，管理着井楼油田 8 个热采区块和 1 个常采区块，现有职工 654 人，基层班组 52 个，1031 口油水井。2015 年，为了压缩管理层、优化人力资源，河南油田推行了扁平化管理模式，撤销原来的基层队，清退外雇人员，由采油管理区直接管理到班组。在点多、线长、面广难以集中培训的情况下，井楼管理区积极探索“3+1”基本功训练模式，将练兵的重心放到班组中，在促进全员技能素质的提升方面进行了有益的尝试。

二、基本做法

“3+1”基本功训练模式的主要内容：“3”是指班组自培、机关帮培、技师助培。

1. 班组自培：结合目前开展的新班组建设，在班组中设立轮值学习委员，建立赛场和积分机制，利用班前、班后会，开展“人人都讲一小课”活动，由班组成员轮流上台讲课，内容可以是自己掌握的一项绝活、一种技巧，或者解决问题的一种方法，以班组长为主导，大家互学互练互比互评，人人都有一个展示的机会，变被动学为主动学，在轻松愉快的氛围中共同提高。

2. 机关帮培：主要是管理区机关各专业岗人员结合日常管理中发现的问题，每月定期深入班站开展帮培。内容以执行油田工作任务、落实基层“十项制度”、提升班组管理水平、安全及应急演练等内容为主，目的是提高班组人员思想素质、安全素质和班组管理水平，使上级的管理理念在基层得到准确地贯彻和执行。

3. 技师助培：由管理区成立的“技师创新协会”承担。管理区将技师资源集中管理，平衡分配，将技师助培的履行情况作为年度技师考评的一项重要内容。每名技师分别与班站结成帮扶对子，开展“送培进站”活动，每周一次，训练内容以现场操作技能、故障排除、新工艺、新设备及油水井综合分析为主。同时设立技师联系点，与班组成员签订“师徒协议”面对面辅导，传授技艺，解决生产疑难，真正发挥技师在操作队伍中的领头羊作用。

“1”是指每月一督查考评。由管理区技师培训工作督导组，对班站、机关“三室一中心”、技师协会开展技能训练工作的情况进行监督，每月对各班站开展的效果以抽考、竞赛的形式组织一次 A、B、C 分类考评，在公开栏内公开，并与绩效工资挂钩。

三、主要成效

1. 训练内容紧密围绕生产现场、安全操作要求，具有较强的针对性和适用性，且技能训练形式灵活易操作，轮值组织，人人参与，能够激发职工学技术、钻业务、提技能的热情，职工参与率达到100%。

2. “六项训练”落到实处，新分、转岗职工迅速适应岗位，一批有技能、懂技术的高技能人才脱颖而出，营造了浓厚的“比、学、赶、帮、超”的学习氛围，职工的整体技术素质得到提升。

3. 高技能人才的传帮带作用得到充分发挥，技师的责任意识和履职能力得到增强。

4. 管理层的考核促进了班组现场管理，班组标准化建设水平得到提升。

四、思考评析

“3+1”管理模式的运行，凸显了班组管理的重要性，弥补了管理区与班组之间基本功训练工作管理的断层，进一步明确了责任主体、技能训练内容及组织方式，更适用于扁平化管理模式下基本功训练工作的开展，为落实“六项训练”、提升班组标准化建设水平、促进全员技能素质的提升做出了积极的贡献。

实施“四个一”训练法，推动员工素质提升

华东石油工程公司

摘　要：华东石油工程公司安徽分公司 40418JS 钻井队，通过“四个一”训练法，即精心设计一张表，现场实践一堂课，每井攻关一课题，每季开展一评比，有力推动员工综合素质提升。

关键词：岗位知识　实践操作　课题攻关　季度评比激励

一、背景描述

为提升队伍综合素质，根据基本功训练要求，近年来，安徽分公司 40418JS 钻井队结合实际，施行“四个一”训练法，寓教学于管理，融技能训练于生产，使干部员工的技能素质得到迅速提升，走出了一条“素质钻井”的新路子。

二、基本做法

1. 精心设计一张表。年初，组织技术人员制定《年度教学运行大表》，合理构建教学框架、科学安排教学计划、准确建立阶段目标、有效开展组织实施、及时进行考核兑现，保证训练计划稳步有序向前推进，使员工在“求知强质”过程中对学习进度及取得的阶段性成果一目了然。教学内容，不仅包含基

本理论、工作流程、操作要点，更融入了先进钻井技术、设备维护修理、职工心理引导等先进技术和相关辅助内容。

2. 现场实践一堂课。在具体落实《年度教学运行大表》具体项目过程中，采用“班前重点讲授岗位操作须知—导师现场演示关键工序操作步骤—巡检过程重点问题师徒共同研讨—互换角色进行岗位要点讲解—回顾总结教学成果”的滚动教学模式，让课堂不再沉闷。在班后会让员工自己总结评讲一天工作学习中暴露的问题，变员工为教学主体，发挥其主观能动性，做到“四不放过”：即理论不清楚不放过、问题不解决不放过、态度不端正不放过、技能不提升不放过。

3. 每井攻关一课题。为保证技能训练的效果，他们把课堂搬到现场。充分利用每井钻井施工中的实战机会，筛选骨干班组长，成立“青年技术攻关小组”，作为专攻施工中疑难杂症的突击队。这个攻关小组在秦营区块通过优选钻头、优化钻具组合，使平均钻井周期由 25 天缩短到 18 天，在黄珏区块实现由三开变二开的井深结构优化，使平均钻井周期缩短了 3~4 天。同时，在这些实战过程中，大家通过难题中的学，实干中的悟，让每个人的能力得到提升；钻井施工结束，攻关小组将他们提出的新理念、总结的好做法带到各个井队去推广传授，由点带面，带动大家共同提高。

4. 每季开展一评比。起初，部分员工有抵触情绪，学习积极性不高，教学效果也不明显。因此，该队将开展工作的切入点放在员工心态训练、完善激励机制上。依托“每月一竞赛，每季一评优”平台，比武打擂，开展理论比拼、技术辩论、实践操作竞赛等班组竞赛活动，评出季度“学习之星”、“学习型班组”，并纳入员工岗位晋升考评条件。

三、主要成效

近年来，通过实施"四个一"训练法，员工综合素质得到有效提升，该队连续四年获安徽分公司技能大赛团体第一名，先后有 18 名同志勇夺分公司技能大赛个人第一，向兄弟钻井队输送副司钻以上骨干 19 名，有 5 名劳务工走上基层管理岗位，一名被提拔为副队长，一名被任命为钻井队 HSE 监督员，被誉为安徽分公司的"基层人才培养基地"。

四、思考评析

"四个一"训练法为我们展示了一个基层队站素质工程建设的成功案例。它启示我们不怕做不到，就怕想不到，只要看准方向、多想办法，努力耕耘就能获得丰收。

“三重”形成新机制，推动工作上台阶

江苏油田

摘　要：江苏油田真武矿区基建管理站在基本功训练的过程中，探索形成“三重”工作法，通过重引导、重训练、重激励等手段，有力地促进了岗位人才的成长，也推动各项工作水平再上新台阶。

关键词：引导　激励　训练　基本功　成长

一、背景描述

随着真武矿区改造，新光源设备的普及使用，致使维修技术水平需要相应的提高，3800户居民及公共设施的日常电维修，若转交外部施工队，将大幅增加维修成本；只有自身练就强硬的基本功，才能高效低耗开展工作，为企业降本增效，为生产解决问题。

二、基本做法

1. 重“引导”，转变思想。一是坚持抓好教育。持续开展岗位教育，引导职工纠正思想认识误区，摒弃“过得去、混日子、不作为”的思想，强化“热爱本职是荣耀、精通专业是本分”的认识。引导职工充分认识到强化基本功的重要性，主动参与学习，提升自身能力。二是坚持实绩造势。克服“论资排辈、吃大锅饭”的现象，努力营造凭实绩进步、靠基本功立身的良好氛围，采取集中训练、个人钻研等方式，为每名职工量身打造成长规划，浓厚竞争氛围，实践量化评比，定期开展“人才擂台”等竞赛活动，在“同台竞技，一决高下”中互学互教互评，从而找准短板弱项，促进职工强化进取意识。三是坚持组织激发。日常思想教育为首，结合当前社区维修现状等，利用座谈会、班组例会、职工大会等形式，展开多种层次的学习讨论，鼓励职工学知识、学技术、钻业务。职工的思想观念由“要我学”转变成“我要学”，促进了职工学习能力、知识水平和业务技能提高。

2. 重“激励”，强化动力。一是精神激励暖人心。主动想问题、靠前解难题，通过“家访”等举措以暖心促安心，用关心促尽心，打开心扉道心事、掌握思想解心锁。在解决后顾之忧中激发职工的进取心，强化在基本功训练中争第一，站排头的意识。二是岗位激励给舞台。按照上级“迈开步子，甩开膀子”大胆开展工作的要求，积极营造想干事，能干事，会干事的良好氛围，打破“论年头、齐步走”的做法，拓宽班组长等重要岗位人选的视野，选拔基本功过硬，职工信赖，上级放心的优秀职工到重要岗位。三是制度激励提效能。为了营造积极主动的“我要学”的良好氛围，强化激励作用，出台了基建管理站技能训练制度及奖惩制度，并与季度、年度评先选优以及操作工人绩效定格考核挂钩，真正做到给政策、给经费、给条件，调动职工主动学习的积极性。在职业技能大赛获银牌的葛进同志，促进了大家“对比先进，学赶先进，共同上进”的氛围，让他们思想上有期盼，学习上有热情，工作上有干劲，让大家有想头、有干头、有奔头。

3. 重“训练”，提高实效。一是以“学”促练。为让职工们全面掌握所在岗位操作技能和排除一般故障的能力。每周一次到兄弟单位学习人家的新技术、新工艺。二是以“培”促练。在操作技能方面上，请技术精湛、娴熟的老师傅手把手传授操作技能和要领，并做到有问必答，有卷必做，课上有问题，课下有检验，理论与实际运用环环相扣，有效提高职工的接受和掌握能力。三是以“带”促练。深化“师带徒”活动，注重发挥老带新、师带徒的传帮带作用，在师徒选配上，优先考虑操作技能精湛、掌控多项技能的老职工来带领年轻职工，我站 3 名老同志与 3 名青年签订了师徒协议，把老同志的宝贵经验和工作责任心悉心传授给年轻同志，使得 3 名年轻职工很快就能独立定岗。四是以“练”检效。坚持“四个一”岗位练兵，做到“每日一题，每周一练，每月一考，每季一赛”，通过理论与实践的双重考试，检验训练学习效果。每季度评选出“最佳服务明星”“最美施工现场”“最佳施工员”。

三、主要成效

极大调动职工学习技能作贡献的积极性和自觉性。现有 70%通过了高级工鉴定，60%的职工已取得第二技能操作证；维修班由以前被动维修变为了主动参与施工工程中的一些相关工作，例如，基建管理站参加小区亮化工程电改造，以及更换小区户外配电箱等项目中，将过去的 10 万元维修费降低为 2 万元，大大节省了成本。

四、思考评析

江苏油田真武矿区基建管理站通过重引导、重训练、重激励等手段，先修内功，再练外功，锤炼了基本功，为企业降本增效，解决生产难题提供了支持，推动了基建管理站工作水平的整体提升。

“一题”两得促联动，双管齐下巧练兵

茂名石化

摘　要： 茂名石化将每日一题与装置生产操作、岗位题库建设相结合，通过明确开展形式、落实抽考制度、推动成果转化、严格奖惩机制等措施，不仅有效提升了职工的操作技能，还做好了岗位题库的动态更新，成功实现“一题”两得。

关键词： 练兵　每日一题　技能提升　题库建设

一、背景描述

茂名石化长期以来坚持以每日一题的形式常态化开展岗位练兵活动，取得一定效果，但存在各单位要求不一，内容脱离生产实际，练兵针对性不强，未能与每月一考、每季一赛及成果转化形成有效结合等问题。为解决上述问题，茂名石化将每日一题与装置生产操作、岗位题库建设紧密结合，形成联动，取得了较好的效果。

二、基本做法

1. 明确每日一题开展形式。茂名石化建立了每日一题练兵记录本，各岗位每轮夜班当班人员负责给下轮白班出一道问答题，要求题目要紧密结合生产实际，以如何规范操作，有效解决生产波动或难题等内容为主。白班当班人员接班后，在练兵记录本上作答。每天下班前，由车间的“三大员”按题目类别对当天每日一题问答情况进行书面评价，再由车间领导在第二天交接班时对答题情况进行点评，指出答题或现场生产操作时应注意的问题，形成问答—点评—修正的闭环管理。

2. 落实每日一题抽考制度。茂名石化建立了分部级每日一题月度抽考制度，由各分部每月随机抽取2~3个车间，对技能操作人员当月每日一题开展情况进行抽考。分部对抽考情况进行总结分析，查找不足之处，督促车间及时修正练兵重点。

3. 推动每日一题成果转化。为了实现练兵效果最大化，公司将每日一题与岗位题库建设有机结合，按季度开展优秀每日一题评选活动，将每日一题实施过程中出现的实用性强、贴近岗位实际的题目，经过修改完善转换成题库试题，经公司专家审核合格后，补充到各岗位题库中，建立了岗位题库长效动态更新机制。

4. 严格每日一题奖惩机制。完善每日一题奖励机制：一是奖励单位。对二级单位在季度优秀每日一题评选活动中选出的优秀问题，经格式转换并通过公司审核验收合格的，公司按题量给予二级单位一定奖励。二是奖励班组。公司参照季度每日一题优秀班组评比结果，对每日一题活动中出题质量高、实用性强的班组进行奖励。三是评比加分。在抽考中成绩突出的基层单位，在季度岗位练兵工作考核中可享受加分政策。

严格每日一题惩罚考核：对每日一题抽考成绩差的基层单位进行通报考核，同时纳入基层单位年度岗位练兵工作考核体系进行评分排名。

三、主要成效

每日一题得以规范开展。通过规范每日一题的组织实施流程，改变了各单位做法不一、练兵针对性不强的状况。岗位题库实现动态更新。通过建立每日一题与岗位题库长效联动机制，每日一题成果解决了岗位题库高质量动态更新的难题。职工操作技能明显提高。规范每日一题管理后，练兵内容涵盖了近期装置出现的操作波动、国内外同类型装置安全事故、职工个人操作小经验等装置生产相关内容，职工技能操作水平得到提升。

四、思考评析

本案例通过规范每日一题管理，将每日一题与装置生产操作、岗位题库建设结合，不仅激发了职工开展每日一题练兵活动的积极性和主动性，有效提升了岗位操作技能，还解决了岗位题库动态更新难、与岗位联系不紧密等问题，成功实现“一题”两得。

新形势下基层技能训练方式的探索和创新

管道储运公司

摘　要：管道储运有限公司黄岛油库认真贯彻部署，围绕“建设世界一流管道物流公司”的目标要求，以“抓安全、保效益、强基础、促发展”为目的抓细抓实训练工作，按照“点面结合、内外结合、自主训练与上级要求相结合”的工作思路，不断强化基础训练工作，促进员工队伍整体素质再上新台阶。

关键词：多岗合一　训练方式　跟班训练

一、背景描述

根据公司优化人力资源配置和“多岗合一”工作要求，黄岛油库开拓思路，更新观念，立足于自有师资、场地和设施，坚持开展师带徒、跟班训练等多种基本功训练，充分调动专业技术人员、技师(高级技师)和生产骨干参与训练，取得了良好的效果。

二、基本做法

1. 师带徒一对一训练。油库在技师(高级技师)带徒基础上，扩大覆盖面。专业技术人员、技师(高级技师)、班组长和生产骨干结合日常工作开展训练，如巡检期间，与当班员工一同巡检，在巡检过程中结合各巡检点的注意事项进行讲解，确保巡检的有效性。

2. 周例会训练。利用每周生产会，组织与会的班长、骨干学习公司各类操作规程，结合本单位生产实际逐条讲解、讨论，下周生产会进行提问，同时要求班长、骨干带动所在班组成员利用工作间隙进行学习，做到全员参与训练，当班专业技术人员每天对员工随机进行提问，加强学习效果。

3. 跟班训练。专业技术人员对岗位人员进行跟班训练，以现场实际操作与各项报表的填写、计算等内容为主，充分利用生产操作点滴时间进行训练。各站队对于需要全员掌握的内容，做到逐班训练、逐人考核，考核采取诸如笔试、口答、模拟流程操作、应急处置桌面推演等多种形式，巩固训练效果。

4. 菜单式选学。每月提前列出次月训练计划，并将训练资料发放至岗位，员工先以自学的方式熟悉训练内容，然后将自学过程中遇到的问题和自己最想了解的学习内容，整理上报至站队技术人员汇总，站队安排训练落实，通过这种方式既提高了员工的自学能力，又使得训练内容更有针对性。

5. 现场课堂。结合生产区工艺流程走向、设备标识，现场开展训练，使员工掌握各区域设备、设施功能和操作要领。在现场对原油、蒸汽、冷凝水等管线进行流向标示、作用说明，对承压设备、高温高压设备逐台进行讲解。

6. 交接班训练。将当班工作内容分为几部分，交接班时，每人负责一部分，并定期进行轮换，运行班长就当班工作总体进行交接，并督促员工掌握相应的业务知识，通过参与交接班，进一步强化了员工对各项工作的熟悉程度。

7. 仿真和模拟训练。油库以输油工艺及设备最复杂的黄青线为对象，开发出黄青线仿真教培系统。系统可同时满足油库技能操作及管理人员的安全高效训练要求，极大提高了油库员工的训练效果，该系统完全按照油库的实际工艺及设备操作情况进行仿真，为岗位员工提供了真实的操作实训条件。

8. 加强抢维修能力建设，油库现有维修电工、仪表、机修三个专业训练操作间，自制电气接线盘、模拟 PLC 机柜等教具，班长带领班员在维修间隙进行实操训练。同时，搜集废旧管道、阀门，制作了封堵管段，模拟外管道带压焊接，提高了抢维修员工的焊接技能和现场处置能力。

三、主要成效

油库不断加大基本功训练力度，采取多种措施强化训练效果。通过有效训练，黄岛油库抢维修能力取得长足进步，在公司 2015 年抢维修技能竞赛中取得全部参赛工种团体名次，在油库自主维修及到潍坊输油处参加东黄复线摘帽作业中展示了良好风采。目前在岗技能操作员工 201 人，已有 187 人持有两证以上，156 人具备高级工职业资格，160 人取得压力管道特种设备作业证。跟班训练得到员工积极响应，有效利用员工在岗工作间隙进行。逐班逐人多批次跟班训练、考试，较好地解决了岗位人员在休息时间接受训练的逆反心理，学习热情明显提高，取得较好的效果。

四、思考评析

传承师带徒和实操训练的做法，在新形势下创新训练模式，有效利用人力资源，从人的能力上挖潜，适应公司岗位合并和油库发展需要，不断培养和储备技能操作人才，积极开展多种训练形式提高员工岗位技能，对提升员工技能操作能力非常有益。

技能训练积跬步至千里

天津石化

摘　要：自2011年，天津石化烯烃部质量检验车间推出了“每周一讲，每日一练”技能训练活动。经过几年的摸索和尝试，职工队伍的整体技能水平和综合素质有了全面提升。

关键词：恒心　精心　创新　心服

一、背景描述

长期以来，质量检验车间各岗位间理论知识和操作技能差异较大，职工对其他班组知识技能不了解，当出现岗位调动时，职工需要一段时间的技能训练才能上岗。2011年年底，质量检验车间提出了“每周一讲，每日一练”，通过开展系统的训练，缩小岗位间的技能差距，补足职工技能短板。

二、基本做法

1. 恒心—常抓不懈有恒劲。从2011年年底，质量检验车间实施内容紧贴生产实际的“每周一讲，每日一练”特色培训活动。培训以“导师带徒”活动为抓手，以“大课堂”和“开小灶”相结合，职工自己动手制作课件、自己上台当老师、自己做后续问题解答。在训练师和技术人员的指导下，每名职工要完成训练“一条龙”全过程，从而使职工技能和综合素质得到锻炼和提高。至2016年底，累计已经讲述了210个主题，共有600多人次参与。

2. 精心—统筹组织做保证。在特色训练实施过程中，车间提前做好季度训练计划，每周由一个班组指定一名职工，为全员讲解本班组分析化验相关知识，从试验原理、实际操作、存在问题和解决方法等方面把知识点讲深讲透，做到每周一题，每个工作日都有训练，每名职工都上讲台，每个班组轮流授课，有讲课、有提问、有解答、有互动。训练过程中，每个人既是老师，又是学生。对于不明白的问题，鼓励职工到操作现场观摩学习，强化对知识的理解和吸收。全员性的互动训练模式，巩固了本岗位知识，同时加深了职工对其它岗位知识和技能的了解，职工敢于上台讲课，获得了锻炼的机会。

3. 创新—“头脑风暴”注活力。根据不同阶段的工作重点，车间开动脑筋，集思广益，创新开展“每周一讲，每日一练”活动，将活动效果进行拓展和外延，提高训练针对性和时效性。比如：高硫油进厂前，以安全为课题，开展硫化氢危害和防护培训；新色谱室启用前，由技术骨干为职工讲授其特点和先进性；装置大检修前，开展强化技能训练；增加成本知识学习，班组成本核算员登台讲授成本管理知识，强化职工的成本意识。训练过程中，车间根据职工对知识点的消化吸收情况，先后推出“套餐”、“点餐”、“实操模拟”、“班组PK”等形式，不断丰富和创新载体，确保训练质量。在特色训练的基础上，车间还推出了“今天我当班长”、“轮岗训练”等活动，调动了职工的积极性。

4. 心服—考核激励保效果。训练过程引入激励机制，加强日常监督和考核。每月评选“优秀课件”、“最佳讲员”，对课件内容丰富、针对性强、授课形式新颖、职工反映效果良好的班组和个人给予奖励；若班组不能按时、按要求完成课件准备和授课工作，或在活动中不认真、不积极，视情节予以处罚，责令班组整改，并在周工作例会上通报。同时，将个人训练效果纳入个人绩效档案。车间每季度对全体操作人员进行一次包括理论知识、现场操作、事故处理三方面的阶段考试，成绩与绩效考核挂钩，奖前罚后，使职工心服口服。

三、主要成效

几年来，车间的 4 名职工分别在中国石化集团公司 2011 年、2013 年、2014 年、2015 年度水质分析工、化工分析工、环境监测工和水质检验工技能竞赛上，荣获两金两银的成绩；车间职工王淑燕荣获天津市滨海新区第四届质检机构技能比武一等奖。车间技能操作人员均取得高级工以上职业技能等级资格，4 人取得高级技师资格，7 人取得技师资格。5 年来，在各级样品抽检、质控样考核等检查中，车间全部达标。“每周一讲，每日一练”特色训练带来了职工技能水平和综合素质的全面提升。

四、思考评析

日常训练贵在坚持。五年来，“每周一讲，每日一练”特色训练从未间断，有效做好工学结合，这一训练形式为职工搭建了自我展示的平台，变“被动训练”为“主动训练”，训练过程中，为职工答疑解惑，拓宽了知识面。